花森安治の仕事

酒井 寛

暮しの手帖社

目次

編集長の二十四時間

大学卒業まで

大政翼賛会のころ

「手帖」創刊の前後

商品テストへの挑戦

写真帖から

一戔五厘の気概

花森安治の仕事

編集長の二十四時間

伝説の人

男女十人の大学四年生に、「花森安治という人を知っていますか」と聞いてみた。「知っている」と言ったのは、ふたりだけだった。

「暮しの手帖という雑誌を知っていますか」と聞いたら、「ああ、そうか」と花森安治につながって、「知っている」が五人になった。

「うちの母親は教養派だから、暮しの手帖をとっていた」と、「知っている」の女の子は言い、男の子のひとりは「友達の家へ行くと、暮しの手帖が創刊号からそろっていて、そいつは男のくせに、電気冷蔵庫や電気洗濯機に、やけにくわしいの」と笑わせた。

花森の死から、十年がたっている。

「暮しの手帖」編集長・花森安治は、昭和五十三年一月十四日、心筋梗塞のため、六十六歳で死去した。マスコミに話題をつくり、また、さまざまに語られた名物編集長だった。たとえば、つぎのように書かれ、語られている。

花森安治は、昭和二十三年の、暮しの手帖の創刊から死ぬまで、編集長だった。ひとつの雑誌を、三十年間、しかも自分で取材し、写真も撮り、原稿を書き、レイアウトをし、カットも、表紙も描いてやり続けた例を、ほかに知らない。

花森は、暮しの手帖に、外からの広告をいっさい載せなかった。それによって、言論の自由の基本的な条件を確保し、発行部数九十万部の商業雑誌にしたが、なんでもすぐまねをするマスコミ界で、それをまねたものはいない。

花森安治は、日本の商品テストのパイオニアで、彼は、暮しの手帖の商品テストは消費者のためではなく、メーカーにいい商品を作ってもらうためにあるのだと言い、メーカーの名をあげて、商品の「いい、わるい」をはっきり書いた。

花森安治は、戦争中、大政翼賛会宣伝部にいて、「欲しがりません勝つまでは」などの戦時標語の普及につとめ、戦争に負けたとたんに女の雑誌を始め、自分も髪にパーマをかけ、スカートをはいて銀座を歩いていた。

花森安治は、戦後二十余年たってから、「武器をすてよう」「国をまもるということ」「無名戦士の墓」「見よぼくら一戋五厘の旗」などを、暮しの手帖にたてつづけに発表し、国や戦争について、庶民の暮らしの側から激しく発言した。

花森安治は、「文藝春秋」池島信平、「平凡」岩堀喜之助、「週刊朝日」扇谷正造とともに、戦後の大衆ジャーナリズムをつくりあげたひとりだった。

花森安治は、暮しの手帖に、個々の企業の広告を載せない代わりに、商品テストによって、日本の家庭用品や家電製品の品質向上に貢献し、日本の産業の発展に影響を与えた。

花森安治は、化粧品会社の宣伝部の出身で、暮しの手帖を通じて、戦後の広告の歴史に、先駆的な仕事を残した。衣食住について、はっきりと、わかりやすい言葉で提案を行うことは、広告本来の機能であり、彼がすぐれたコピーライターであることを実証する代表的な例は、暮しの手帖に毎号掲げられている、つぎの文章である。

これは　あなたの手帖です
いろいろのことが　ここには書きつけてある
この中の　どれか　一つ二つは
すぐ今日　あなたの暮しに役立ち
せめて　どれか　もう一つ二つは
すぐには役に立たないように見えても
やがて　こころの底ふかく沈んで
いつか　あなたの暮し方を変えてしまう
そんなふうな
これは　あなたの暮しの手帖です

暮しの手帖研究室

花森安治が仕事をした「暮しの手帖研究室」は、東京の港区東麻布にある。狸穴《まみあな》のソ連大使館わきの坂道をおりきって、すこし行ったところだ。木造の、ふつうの住宅と倉庫を合わせたような外観で、入り口のドアをあけると、そこはもう商品テストや工作の現場だ。

この研究室は、創刊五年目、昭和二十八年にできた。テレビの放送が始まった年で、商品テストは研究室完成の翌年から始まり、現在までここで続けられている。

研究室はそのご増築され、現在、大小二十六の部屋がある。いちばんおおきい部屋は、二階の台所と編集室で、ここが暮しの手帖の「機関部であり心臓部」だという。

台所は、畳数にして二十畳の広さがある。編集部員の机が並ぶ編集室も、おなじ広さで、このふたつの部屋が仕切りなしでつながっている。台所には中央に食卓があるから、ここはいわば、ダイニングキチン付き編集室という造りになっている。

家の中心は台所と茶の間であるべきだ、というのが、創刊時代からの花森の考えだった。戦前の、北向きの一段下がった暗い板の間に押しやられていた台所を、暮らしのまんなかにすえる。それは、新しく迎えた民主主義の時代に向けての、花森の暮らしの考え方の具体的な表現だった。来客のためにだけある応接室という客間は、ここにはない。花森は台所の食卓で、客のだれとでも応対した。

台所はコの字形に、端の四分の一がふつうの家庭の台所、残り四分の三が仕事用のおおきな台所で、このふたつがつながってできている。だから、流しもガスレンジも換気扇も、戸棚も、みんなふた組ずつある。家庭の台所でやってみなければ、勝手のわからないことがあるし、写真を撮るのも、ふつうの大きさの台所のほうが自然だからだ。

台所のまんなかに、編集部員全員がすわれるおおきな組み合わせの食卓があり、飛驒家具のウィンザーチェアがそろえてある。戸棚の中には、編集部員がふだん使う大倉陶園の紅茶茶わんや、富本憲吉につながる窯の湯のみ茶わんがある。編集部員は、日ごろから、いいものを使って知っていなければいけない、という花森の考えからだった。

花森はここで、編集部員に、時事問題も語れば、ミステリーも語り、テープで覚えた桂春団治の落語を演じて上方の気質や話術を語った。田中絹代のていねいなお辞儀を見習うべきだと日常の動作を語り、ハシの持ち方、食事の姿勢も注意した。「最近の人は、大阪ずしにしょうゆをつけて食べるそうだな。吉兆のおやじさんが嘆いとった。しょうゆをつけるのは、にぎりずしと富山のマスずしだ」と、食べものの講釈をしたりした。

見てきた話、聞いた話、読んだ話を、おもしろく、得意になって語った。機嫌がよければ、三時のお茶が夕方にまでのびた。そのたびに、みんなの仕事が遅れた。

昼ご飯のときも、三時のお茶でも、編集部員は男も女も、自分の使った食器は自分で洗う。みんなで使った食器や道具は、その日の当番が洗う。当番は男も女もやり、夕食が必要なときは、コックの千葉千代吉に付いて、その支度もする。

その台所に、編集部員が町で見つけた台所用の小物を、そのつど買ってきて置いておく。壁に、メモをはっておく。毎日、だれかがそれを使い、何日も使う。やがて、よかった、わるかった、使い勝手はどうだった、と男女編集部員の感想がまとめられ、それが編集会議のプランに登場する。

商品テストをする部屋は、研究室の一階にある。玄関のドアをあけると、あがり口はちいさな敷物の、廊下の天井は電球や蛍光灯の、編集室への階段はじゅうたんのテストに使われるから、使える所はどこでも使っているという研究室だ。

テストをするおおきな部屋が三つ。電源や水道管が配置された電気洗濯機テスト室と、部屋の中にもうひとつ部屋を組み立てる電気冷蔵庫や暖房機のテスト室、台所を備えた炊飯器や調理器具のテスト室で、周囲には計測機器や小道具が置いてある。

大工さんの仕事場のような工作室、理科の実験室のような分析室もある。たとえば洗濯機テスト室には、何足ものゴム長や、何本もの物干しロープがあったりして、どこもほどほどに雑然としている。

暮しの手帖の商品テストは、機械が主役ではなく、人の手によるくりかえしが主役になっている。家庭で道具を使うということは、人が使うということだからだ。テストの過程も、だから人間くさい。

たとえば、グリル付きガステーブルで、魚を焼くテストをする。いちどに二匹焼くとして、各メーカーのものを、なんども焼いてみるのだから、近所の魚屋で買えるような量ではない。テストは同一条件が原則だから、魚は、形も大きさも鮮度も、そろっていなければならない。アジならアジと決めて、魚河岸へ買いに行く。

圧力なべでイワシを煮るテストのとき、魚が足りなくなった。その分だけ近所の魚屋で買って追加したら、食べてみて、骨のかたさが違った。テストは最初からやり直しになり、もういちど、魚河岸へ十分な量を買いに行った。そして、また煮る。

焼いたり煮たりした魚が、当然、どんどんできあがる。編集部員は、昼も夜も食べるが、食べきれない。見るのも、いやになる。電気釜のテストでは、つぎからつぎに、ほかほかのご飯が炊きあがる。おこげを作ってみるテストなら、黒いおこげや、できそこないのおこげが、つぎつぎにできる。フライパンのテストなら、いためた野菜が大量にできあがる。フライパンのこげつきテストになると、これはもう、たまらない。

編集部員は、炊きたてのご飯を隣近所に配ったり、家に持って帰ったりする。ちいさい子どもをかかえて仕事をしている女性部員は、焼き魚でも煮ものでも、急いで帰ってとりあえず子どもに食べさせられる、このテストずみ食品はありがたいという。

「どうだァー」と、花森はテストの部屋によく顔を出した。いっしょにすわって、データを記録する係を自分もやり、料理を作っていれば、つまんで食べて、ああだ、こうだと口を出した。スタジオで写真を撮っていれば、段取りがついたところで、かならずファインダーをのぞいて注文をつけた。

工作室に「できたかァー」と入ってきて、できあがっていたカヌーのパドル（かい）を、「いいかげんなことをするな！」と、いきなり踏みつけて折ったこともあった。花森は、なんにでも手を出し口を出すのが好きだったし、編集部員は、花森がこわかったが、それが張りあいでもあった。

おかずの学校

料理記事は、暮しの手帖の柱のひとつで、町に料理学校があるのに、おかず学校がない、うちのはおかずの学校だ、と花森はさいしょから言っていた。食べることが好きで、自分でなんでも食べてみて、味を決めた。

料理記事の作り方はこうだ。専門の料理人と打ちあわせて作るものが決まると、作り方と手順をかんたんに説明してもらい、つぎに実際に作ってもらう。担当の編集部員は、わきに付いてメモをとり、カメラマンは、作る手順のどこを撮るかを決める。

こんどは、料理人に見ていてもらいながら、自分たちで作ってみる。カメラマンは、そのとき手順写真を撮ってゆく。七、八品の料理をそうやって作るのにまる一日はかかる。

原稿をまとめ、担当記者が台所でぜんぶ作ってみる。編集部員の昼食や夕食のとき、作ったものを食べてもらう。そこに、花森がいる。みんなが、おいしい、おいしいと言って、すぐなくなるもの、あまり売れゆきのよくないもの、男性が好むもの、などがわかってくる。売れゆきのよくないものを除いて、最終的に誌面に取りあげるものを決める。

そのあと、料理に慣れていない新人、ときには男性に、原稿と手順写真を渡して、それだけで作らせる。どこかで間違えたり、わからなくなったりするのを、担当記者は見ていて、原稿に手を加える。

中華料理のチャプスイのとき、花森がひと口食べて、こんな塩からいものが食えるか、と怒った。試作した新人にもういちど作らせて、原稿を書いた担当記者と花森は見ていた。塩の分量が「茶サジ軽く二杯」と原稿に書いてあるのが問題だった。「軽く」は人によって違うじゃないか、そういうあいまいな表現を使うな、と花森は、作った部員ではなく、書いた記者を怒った。

ぬたを作るために、担当者がからしをねっていた。花森がそれを見て、そんなねり方じゃ、だめだ、気合いが入っていないから、からくならないんだ、と怒り、こうやるんだ、と自分でねって見せた。そして、夜まで残って、ねってろ！　とどなった。花森は、台所のテーブルのところにすわりこんで見ている。

何回もやり直しさせられているうちに、担当者は頭に血がのぼってきた。花森は、ご機嫌をとるように、しきりに話しかけた。昔はな、からしをねると、上に和紙でふたをしたもんなんだ。そんなことを言っていた。カーッとなってねったら、それでからくなったろう、と花森は言った。からしをねるにも、本気でやれ、と花森は言っているのだった。

パリに住む編集部員・増井和子から、「ナポリのスパゲティ」の記事と写真が送られてきた。編集部は、そこに書かれている料理をひとつひとつ作ってみた。トマトは、東京でイタリアのトマトの缶詰を見つけたが、バジリコは当時、乾燥した瓶詰しかなかった。代わりに、青ジソで作ってみた。

おいしかったが、はたしてこれがナポリの味なのかどうか。担当者が気にしていると、花森が、増井君を呼ぶしかないじゃないか、取材した本人が食べてみるしかないんだ、と言った。増井は、べつの用事も兼ねて、パリから飛行機で帰ってきた。

暮しの手帖の料理の写真にうつっている手は、社長の大橋鎮子の手だ。料理の写真では、手がとても目立つ。きゃしゃすぎても気になるし、ブクブクしていては美しくない。荒れていてはいけないし、けがをしていてもいけない。だから大橋は、顔よりも手をだいじにしている。日常、車に乗るときなど、とっさに手をかばうことがある。日に焼けるのが、いちばんいけないので、夏、外に出るとき手袋をする。

三つの机

暮しの手帖研究室のなかに、花森の机は三つあった。台所とつながった編集室の大部屋と、カットを描いたり割り付けをしたりする中くらいの部屋と、もうひとつ、ちいさな専用の部屋があった。心筋梗塞でいちど倒れてから、いつでも横になれるように、そこにはベッドが入れてあった。その部屋にはいまも、自分の心電図の小型写真を、図案帳のようにきれいに並べてはった何冊ものファイルが、残されている。好きだった外国製の汽車模型とレールも、すこし残っている。

毎朝、花森の机の上を整理するのは、大橋鎮子の妹、芳子の役だった。本や原稿用紙や文具の縦横の線が、すこしでもずれていてはいけなかった。定規がくもっていたり、消しゴムに黒いカスがついていたりしても、いけなかった。筆洗に入れる水の量も、この線まで決まっていたし、わきに置くふきんのしめり加減も、一定でなくてはならなかった。これらがすこしでも違えば、花森は怒った。定規をたたきつけて、もう仕事をしない、ということもあった。

花森が、得意の手書きの文字を書くときは、前日に自分で、鉛筆の先を紙の上にころがして、しんを自分の気にいった太さにし、それを何本も用意しておいた。翌朝、間違ってそれをきれいにとがらしてしまおうものなら、花森はものすごく怒って、もうその日は仕事をしなかった。仕事をしない口実を、毎日さがしているようにさえ見えた。

よし、あしたは表紙をかくぞ、と花森が言うと、翌日は、編集部員の足音も違うくらい、みんな気をつかった。これだけは、花森がひとりで苦しむ仕事だった。

表紙だけは、かならず専用の自室で描いた。できあがるまで、だれも部屋に入ってはいけないし、見てはいけなかった。大橋がどうしても部屋に入らなければならない用事のときは、横を向いて入った。見るなよ、と花森は念を押した。

二日も三日もかかることがあった。描き終わると、大橋が呼ばれた。大橋は絵が気にいらないとき、気にいらないことを顔に出した。花森は描きなおした。

できあがった絵を持って部屋から出てくると、花森は台所のおおきな食卓に行き、編集部員に見えるように、だまって絵を立てかけた。みんなが感心したような雰囲気でないと、また絵を持って部屋に戻った。つぎに出てくるときは、バックの色が塗りかえられていたりした。

ぼくは、ほんものの絵かきじゃないから、表紙が描けるんだ。ぼくは絵を描いているんじゃないよ。商品を描いているんだ。だから、ぼくはつらいんだ。花森は大橋に、そう言った。

表紙は雑誌の顔であり、それは、手に取って買ってもらわなければならない商品のポイントだ。ほんものの絵かきのように、自由には描けない、というのだった。商品だから、大橋も、気にいらないときは、正直にそう言えた。

いつだったか、花森は大橋に、こうも言ったことがある。ぼくは年をとったら、神戸に帰りたい。六甲山にアトリエを建てて、そこで絵を描いているから、君はみんなの原稿を持って、神戸までくればいい。

神戸は、花森の生まれ育った町だった。神戸が好きだった。初期の表紙には、ランプやチェストなど、西洋古道具をよく描いた。花森は、絵を描くことがやっぱりいちばん好きだったんじゃないか、と思っている編集部員もいる。

花森の描いた表紙には、サインが、「Y・H」だけのものから、フルネームと年が入っているものまで、いく通りかある。編集部員がそれに気がついて、なにか違いがあるのかと聞いたら、花森は、フルネームがちゃんと書いてあるやつは、自分の気にいったものだ、と答えた。

編集会議

暮しの手帖社には、営業部とか総務部とかいうものがない。課長とか部長とかの役職もない。大橋鎮子は会社組織の上で社長だが、社長の名刺はない。社内では「鎮子さん」と呼ばれ、花森も「編集長」ではなく「花森さん」だった。

編集会議には、営業の担当者も運転手も、プランを出した。どんな人にも暮らしはあるからだ。編集会議は、つぎの号のはじまりであり、この日は一日じゅう会議だけなので、ふだんの日と違って、女性たちはちょっときれいな色の服を着てきた。花森は、そういうけじめが好きだった。花森は全体を見渡し、そことそこの席を入れ替わってごらん、などと言って、服の色の並び方を変え、うん、このほうがいい、と言ったりした。

会議では、提出されているプランを大橋がひとつひとつ読みあげ、花森が意見を言った。花森は編集長として、そのときどきに、さまざまの考えを語った。

一流品をぶちこわす。自分の目で見ることだ。
汽車で世界を回るより、貨物列車で回るほうがおもしろい。
ジャーナリストとしてよりも、ひとりの人間として考えろ。
カーペットの手入れ法より、よごれにくいじゅうたんだ。
検察官気どりはいけない。メーカーに思いやりを持て。
質のいいユーモアの欠けている世界は、まっ暗だ。
人のやらないことをやろう。冬にかき氷を食べる、そういう発想だ。

行儀のいいプランばかりだ。もっと乱暴なプランを出せ。
賢そうな顔をしていやらしいものは、朝日新聞とＮＨＫと暮しの手帖だ。
一段高いところから読者に指図するのはよくない。
いい号ができたら、つぎの号はまったく違うことをすることだ。
暮らしと結びついた美しさが、ほんとうの美しさだ。
道具とは、素手でやるよりメリットがあるもののことだ。
仕事は時として家庭を破壊するものである。
火災保険会社は、契約更新のとき消火器を渡すべきだ。
腐らせない工夫より、腐らないうちに食べる工夫だ。
建前と本音というが、建前は通すべきである。本音とは弱音のことだ。
暮らしは流行ではない。自分の暮らしに何がいるかだ。
いちど出したプランを二度出すな。

「おかあさん」という題の子どもの絵が、プランに出たことがあった。母の日にちなんで、子どもに絵を描かせたら、テレビを見ているお母さんの絵が、いちばん多かったという話がある。それをもとに、最近の母親像を取りあげたら、おもしろいのではないか、というプランだった。みんな賛成の雰囲気だった。

そのとき、花森は言った。いまの母親が、どういうふうに時間を過ごしているかはだいじなテーマだが、その方法はよくない。子どもたちは、大好きなお母さんの姿を、一枚の絵に一生けんめい描いたのだ。そこには、テレビを見る母親を批判する気持ちは、なかったはずだ。そういう絵を、われわれが母親批判の材料に使うことに、ぼくは反対だ。

また、狭い1DK、2DKの団地で、主婦が昼間からさかんにマージャンをやっているというプランにたいして、花森は言った。それは住宅問題ではないか。狭いコンクリートの家に一日じゅういれば、マージャンくらいやりたくなるだろう。それはそれでいいではないか。編集者は、それくらいの愛情を持つべきだ。

編集部員

暮しの手帖の編集部には、現在四十七人の男女がいる。そのなかには、夫がニューヨーク勤務になったため、二カ月ニューヨークにいて、つぎの二カ月は東京、つまり二カ月おきに二カ月出勤する、という編集部員がいる。ニューヨークにいても、東京からの注文で取材や翻訳をしている。

パリに住みついている編集部員もいる。「ポルトガルよタイルの町よ」「アラン島紀行」「パリの小さなレストラン」など、各地を取材して記事と写真を送ってくる。

入社してから、ふだん出勤するのは週一日、あとは出身校の大学院（薬学）に、ひきつづき四年間通った編集部員がいる。イタリアに料理の勉強のため三年間留学し、去年帰ってきた中堅部員もいる。

二年十カ月、休職している編集部員もいる。子どもを持って勤めていたが、つぎの子が生まれ、いっしょに住む老母が体をわるくしたため、家にいる。家でできる編集部の仕事を、すこしやっている。

その人に合わせて、仕事のやり方を変えている。

暮しの手帖が男女編集部員を公募した最初は、「花森安治と暮しの手帖編集部」が菊池寛賞を受けた年、昭和三十一年だった（入社は三十二年）。当時、女子大の掲示板に、「コネクションなどによる事前運動を行ったものは直ちに失格とする」と募集広告に書いて、「らしいわね」と女子大生に大うけした。

作文と書類審査で残した五、六十人を研究室に集めて、二次試験をした。花森が出てきて、入社試験というものは、はなはだ憂うつなものである、という話をした。ぼくたちは、いったい人を判断することができるのかという気持ちをもちながら、それ以外に方法がないと気を引き立てて採点や面接をし、君たちはわざわざ試験を受けて、落とされなければならない。どちらにとってもあまり愉快なものではない。そういう内容だった。そして、問題はあとで出す、と言った。

つぎは、まんなかのテーブルにコンロや野菜や肉が出てきて、銀座の中華料理店「博雅」の主人が、説明しながら酢豚を作って見せた。メモは自由、なにを質問してもよろしい。料理記事「酢豚の作り方」を書け。

男たちは、「エエエッ?」となった。手をあげて質問した男の学生がいた。「シイタケの石突きっていうのは、なんですか。それは食べちゃいけないんですか」

酢豚が終わると、また花森が出てきた。では、問題を出します。さっきぼくが話したことを、六百字にまとめてください。またしても、「エエッ」となった。さっきのは、試験開始のあいさつではなかったのか。もう一題、この研究室はわかりにくい所なので、どうやって探してきたか、道順を書いてください。答案はいずれも、翌日提出だった。

面接をし、合格の通知がこないまま、研究室のクリスマスパーティーへの招待状がきた。手作りの料理、ケーキ、ビール。この席で、社長の大橋鎮子は、男の学生の酔っぱらい方を見ていた。公募による、はじめての男子採用だった。ここは女性のおおい職場だ。大橋は、酒ぐせのわるい男にこりた経験があった。だから、ビールの飲み方を観察していた。

この年の試験で、女一人（早大）、男二人（慶大と東大）が合格した。シイタケの石突きを質問したのは、東大のほうだった。その女一人の林澄子は、三十三歳の若さで病死した。その死を惜しんで、暮しの手帖に花森が書いた「世界はあなたのためにはない」は、『一戔五厘の旗』に載っている。

編集部には、文科系の大卒のほか、薬学部、家政学部食物学科、電気工学科、醸造学科、物理学科、化学科、建築学科、機械工学科などの出身者がいる。

入社試験の話を続ける。

花森は、筆記試験をしている室内に、おおきなスピーカーを二台置いて、クラシック音楽をガンガン鳴らしたこともあった。試験の説明をする社長の大橋鎭子の声が、聞こえないくらいの音量だった。「止めてくれませんか」とよっぽど言おうとしたが、「こんな会社、落ちてもいいや」と思って黙っていた女子学生もいたし、「ここはいい会社、拾いもんだ」と喜んだ「ながら族」の男子学生もいた。

あとで花森が言うには、記者はどんなにやかましい所でも、原稿を書けなければいけない、だから音を鳴らしたんだ、ということだった。入社してみたら、音はぜんぜん鳴っていないので、「ながら族」は話が違うと思った。試験の部屋に入ったとき鳴っていた曲は、たしかベートーベンのスプリングソナタだった、と彼は言う。最初の公募のときの試験で、はじめに花森が話をし、つぎに酢豚の作り方を見せて、そのあとで、さっきの話の要約を書けと言ったのも、記者たるもの、いかなるときでも、人の話をボヤボヤ聞いていてはいかん、という理由なのだった。

試験問題には、つぎの文章を正しい日本語に直せとあって、森鷗外の『舞姫』の一節と、英文で「スクランブルエッグの作り方」が並んでいた。

面接では、大学時代に自分がやったことで見せられる物を、なんでもいいから持ってこい、というのがあった。演劇に熱中していた学生は、自分たちの公演のビラや写真を持って行った。新聞の切り抜きをたんねんにやっていた学生は、暮らしや家庭にかんするスクラップブックをかかえて行った。バレーボールとケーキ作りにはげんでいた学生は、ボールと、シュークリームを焼いて持って行った。

「三十歳以上の女性に限ります」という社員募集をしたことがあった。もちろん、パートタイマーではない。募集のお知らせには、「編集といっても、はなやかなことは一つもありません。一カ月のあいだ、センタク機で朝から晩までセンタクばかりしている、といったことが私たちのやっている仕事です」と書いてあった。八百人の応募があり、三人が採用された。三人とも、現在まで二十年以上、勤め続けている。

いちばんの年長は、三十九歳で入社した、夫も子どももいる専業主婦で、入社して花森のちいさい器用そうな手を見て、自分のごつごつしたおおきい主婦の手が、恥ずかしかった。面接で花森に、月給はいくらほしいですか、と聞かれ、勤めの経験がなかったので、まごついた。家計から持ち出しになっては困りますから、せめて往復の交通費くらいはいただけたら、と答えた。当時、中年の主婦を社員として募集するのは、めずらしいことだった。

花森は面接で、かならずといっていいくらい、食べることは好きですか、食べものに好き嫌いはありますか、と聞いた。自分が好きなので、インスタントラーメンは食べますか、とも聞いた。「目下、ご愛用の銘柄はなんですか」「はい、日清の『出前一丁』です」と答えて、その年入社した男性もいる。

新人が入ってくると、花森は、まずカメラとテープレコーダーを買わせた。編集者は写真を撮れなければいけない、という考えからだが、もともと花森はカメラ好きで、新人のカメラも選んでやり、買ってきてやった。花森がすすめるのは本格派カメラなので、新人のなかには、そのごの支払いを計算して、内心、困ったなと思う者もいた。

花森は、ときには編集部内で写真コンテストを主宰し、一枚一枚、得意になって、しかし親切に講評し、花森賞を出した。花森は、早くからの8ミリファンで、8ミリは構図の勉強になるんだ、とも言った。

カメラの手入れや取り扱いも教え、取材のとき、カメラをテーブルの端に置くな、落とすおそれがある、などと注意した。

陽性の癇癪もち

花森は、よくどなった。本気で、真正面から、どなった。本人が間違いの重大さに気がついていないとき、全身でどなった。ただし、かならずしも原則どおりにはいかず、どなり続けているうちに、論旨がごちゃごちゃになることがあった。そういうとき、頭をすこし上げて花森の顔をチラと見ると、花森は目をそらし、ふたたび本題にもどって、どなった。いま思い出してもふるえがくる、という女性部員もいる。

ガラス戸の戸締まりを念入りにするため、アルミサッシに補助錠というのを取り付ける。その写真を撮ることになった。当然、アルミサッシの枠がいる。町の建具屋を歩くと、写真を撮るだけなら二千円で貸してやろう、という店が一軒あった。買えば一万円近くした。写真の主役は補助錠で、枠はいわばわき役だし、安くあがるのならいいじゃないか、と編集部員は借りてきた。

花森が撮影を見にきて、その枠はどうしたんだ、と聞いた。これこれですと言ったとたん、バカヤロー、返してこい！　とどなった。いくら金を払ったからといって、借りたものので写真が撮れるか、返してこい、とめちゃくちゃにどなった。だから大阪人はだめなんだ、と大阪出身であることもいっしょくたにして、その編集部員はどなられた。

入社二、三年のそのときは、いきなりどなられて、よくわからなかったが、花森のそばで仕事を続けてきて、どなられた意味がわかってきたという。

花森は、暮しの手帖に広告をとらず、商品はぜんぶ正価で買って、三十年間、やってきた。メーカーに行っても、ざるそば一枚ごちそうにならずに、がんばってきた。贈りものをもらっても、花森はいっさい私しないできた。そうやって自分が守ってきたものを、お前らごとき若僧に、簡単にくずされてたまるか。こざかしく、安くあがれば会社も助かるだろうとは、なにごとだ。

そういうことだったんだ、とその編集部員は説明する。花森はふだんから、諸君、建前をだいじにしようじゃないか、と言っていた。

花森は、無理な取材も要求した。電気洗濯機の原価を聞いてこい、というのがあった。東京でメーカーに聞いても答えてもらえず、関西へ行った。予想どおり、「企業秘密です」

の答えだった。帰りの新幹線のなかから、花森に電話した。やはり予想どおり、バカヤロー、とどなった。出したがらないものを取ってくるのが、記者の仕事じゃないか！　電気洗濯機の修理部品が、過去にさかのぼって、どの機種までそろっているか、それを調べてこい、というのがあった。製品リストにそって一機種ずつ、部品の「ある、ない」を調べてくる。各メーカーを回ったが、何年まえくらいまで、というおおよそのことしかわからなかった。花森は、いちばんかんじんなことが、わからないじゃないか、もういちど行ってこい！　とどなって譲らなかった。

だれかがひどくどなられた日は、夕食のとき、みんな言葉もすくなく、当番が夜の人数分だけ炊いたご飯も、いつものようには減らなかった。

花森はどなっても、翌日はケロッとして、むしかえすことはなかった。夜まで仕事をしている編集部員によく声をかけて、銀座の上等なすし屋や、そば屋へ連れて行った。すし屋では、遠慮しないで「エビ、エビ！」と叫んだほうが、花森は機嫌がよかった。

クリスマスの夜は、子持ちは早く家に帰れと言い、ひとり者だけを連れて、銀座で夕食をごちそうした。そのあと、新橋のショッピングセンターへ行って、千円（あるいは二千円）

以内で好きなものを探せ、買うものが決まったら、ぼくを呼びにこい、と一ヵ所に立っていた。呼ばれると、財布から金を出して買い、それを手渡して、なかなかいい買いものだ、などと講評した。

男の編集部員たちは、陰のおしゃべりで、花森を「おやじさん」「おっさん」「親分」「ボス」などと、てんでに呼んだ。編集部員のひとりが、どれが好きかと聞いたら、花森はちょっと照れて、しいていえば、親方だなあ、と言った。

花森の文章哲学

花森は、健康に不安が出てからは、原稿に朱を入れることもすくなくなったが、元気旺盛な時代は、語尾しか残らないくらい手を入れた。

新人がはじめて長い原稿を書いた。「まる洗いできる」と広告して売りだした背広を、着て、洗って、着て、とくりかえした体験報告だった。花森はすこし読んで、あ、これはだめだなと言い、原稿を持って自分の部屋へ行った。二時間くらいして出てきて、これをおこせ、とカセットテープを渡した。さっきの原稿が、全面書き直しになって口述されていた。どこをどう直したというようなものではなく、まるきりべつの読みものになっていた。

　安月給のサラリーマンが、クリーニング代を節約しようと、洗える背広を買ってみたが、五回洗ったら、くたびれた感じになってきた。アイロンをかけても、うまくいかない。結局、背広のクリーニング代くらい、気にしないで払えるような暮らしでありたいじゃないか。そういう話になっていた。背広の、いい、わるいを言うのでなく、背広を洗うというサラリーマンの、暮らしの切なさをつづるものだった。口述原稿のなかに残っていたのは、データを示す部分だけだった。

　ふだんテープをおこすときは、ボツになった原稿用紙の裏を使った。花森の口述原稿だけは、はじめからマス目に一字ずつおこした。完全な原稿になっていたからだ。

　どんな原稿でも、編集部員は、あとから線を引いて消したり、わきに吹き出しをつけて書き加えたりしては、いけなかった。それは編集長が朱を入れるときにすることであって、お前たち平部員がやることではない。消しゴムを使って、ちゃんとマス目に書き直せ。花森はそうさせていた。

朱を入れた原稿を、花森はもういちど筆者に返して、マス目に一字一字、全文を清書させた。それくらい手を入れたということであり、そうやって文章や語り口を覚えさせたということでもある。

よい文章とは、自分の考えていることを、相手がそのまま受け取ってくれる文章のことだ、と花森は言った。わかりやすい言葉以外は使うな。ぜんぶ、ひら仮名で書いてみて、そのままでわかる言葉を使え。最少の漢字で書き、漢字は画のすくないものを使え。改行を多くしろ。やさしい言葉で怒れ。

また、いい文章を暗記しろ、とも言った。花森は、他人の文章を書きうつした大学ノートを、大量に持っていた。それは百冊なんていうもんじゃない、と大橋鎮子は言う。おなじ文章を何回も書きうつしており、いちどや二度うつしたって、覚えられるもんじゃない、と花森は言っていた。

その大学ノートは失われているが、書きうつした文章は、森鷗外、佐藤春夫、室生犀星、北原白秋、宮沢賢治などさまざまで、原稿を書くについて、こんどは谷譲次（牧逸馬）のメリケンものの文体でいこうと注文したり、井伏（鱒二）さんの文章はどうしてもまねができなかった、と自分のことを語ったりした。西鶴の『日本永代蔵』にこっていたという話もあるし、書き文字の練習では、浄瑠璃本の字をうつしていたと言う編集部員もいる。『スポック博士の育児書』やアメリカの雑誌「グッドハウスキーピング」の翻訳では、辞書に書いてある言葉は日本語じゃないよ、とか、主語を消せば日本語に近くなる、とか言った。買いもの案内の原稿で、君はなんでもかんでも、「最近、デパートでなになにが売られています」と書くけれども、「売られています」なんていうのは、日本語じゃないよ、売られているのは、スメタナの花嫁だけだ、と言ったこともあった。

原稿がよく書けているときは、読みながら、パンパカパーン、進軍ラッパが鳴ってるようなもんだ、快調だねえ、などと上機嫌だった。ただし、最後まで「パンパカパーン」でゆくことは、すくなかった。だんだん花森が黙りはじめ、体の動きが止まり、どなられるぞと思うまもなく、(チームの)全員集まれ、と花森は立ちあがった。

「手帖通信」

暮しの手帖に、「手帖通信」というのがある。官製はがき一枚に、ちいさい活字をびっしり三段に組んで、できあがった暮しの手帖最新号のおもな内容を、読者個人に知らせるたよりだ。カットも写真も色もなく、黒い活字だけが表の下半分まではみ出している、一枚のはがきだ。

雑誌は、はじめ年四回発行の季刊誌だった。それが年五回になり、年六回の隔月刊になった。発行されるたびに新聞広告を出すが、広告代がおおきいから、一回しか出せない。見のがす人もいるだろうし、読者からいつ発行かの問いあわせもくる。申しわけないからと、この通信を出しはじめた。読者でなくても、希望する人には送っている。記事に文句をつけてきた人にも、次号から毎回送る。

その「手帖通信」が、毎号三十四万通という数になった。社員のほか、字のきれいな人に頼んで、あて名書きに二週間はかかる。だから、はがきの表側だけ先に原稿を作って印刷し、あて名を書き、雑誌が校了になったところで裏の本文を印刷する。

広告を載せない雑誌だから、広告料というものが入らない。人が買ってくれる一冊一冊の購読料だけが頼りなので、ひとりでも多くの人に買ってもらいたい。その思いが、この「通信」に込められている。

今ふうにいえばダイレクトメールだが、これに官製はがきを使うというのが、花森のアイデアだった。切手代がいらないし、あて名以外の人も、読もうと思えばだれでも読める。テーブルの上に置いてあれば、家族が読む。封書は、あて名の人が読んで捨ててしまえば、それっきりだ。そういう理由だった。

「手帖通信」の発行通し番号は、暮しの手帖の通巻号数よりもおおい。暮しの手帖創刊のまえから、出していたからだ。終戦の翌年から、衣裳研究所の名で「スタイルブック」を出したが、「通信」は、そのときからのものだ。当時は、花森の家族と大橋鎮子の家族が、手分けをしてあて名を書いた。

郵便料金などの値上がりで、三十四万通のこの費用が、容易でないものになってきた。転居などで、戻ってくるものも増えた。住所確認の意味で、あらためて申し込んでほしいと誌上で呼びかけ、最近、一年がかりで十二万通にまで整理した。それでも十二万通の申し込みだった。そのなかには、「今では亡妻の名で届く唯一の郵便物なので、もうしばらく妻の名のままで送ってほしい」という読者もあった。

読者に呼びかけて、研究室の仕事に協力してくれる人を求めたことがある。編集部から送る一定の品物について、こちらで決めた方法で、一定の期間、家でその品物を使って、その結果を報告するというのが、協力の内容だった。条件は、「ものごとを辛抱づよく綿密にキチンと処理できる人」であること。できたら、家族全員が協力してくれる人であればありがたい。年齢、学歴、職業、家族構成、一家の総月収などを書きそえて申し込む。

応募者は、編集部の予想を上回って、一万人をこえた。このなかから、地域や家族構成で協力者を選び、「日本人の三度の食事」の、大がかりな、克明な調査をした。紳士靴の使用テストを依頼したときは、他人のと間違えられてはいけないからと、宴会の座敷に、ぬいだ靴を持って上がったという人や、テストが黒い靴だったので、そのあいだ茶色の背広を着ないで過ごした、という人もいた。

花森は、いい読者を持っていることが、自慢だった。

しかられた社長

大橋鎭子は、暮しの手帖の社長であり創業者だが、編集長の花森にいちばんしかられたのは、「この私だ」と言う。「私はさいしょ、花森さんが、そんなにえらい人だとは思わなかった」。だから、無防備で、緊張していなかった、というのだ。

北海道・江別の牧場一家の取材に、花森とカメラマンの松本政利と大橋の三人で行ったことがあった。取材し、撮る写真を決めて、花森はひと足さきに東京へ帰った。二日後、大橋と松本は写真を撮って帰ってきた。そのなかの、一家全員がそろっただいじな写真のすみに、裸電球の光がすこしかぶって白くなった部分があった。

花森はおこった。「それはもう、おこった、おこった、おこった」と大橋は言う。カメラの松本は、泣きだしそうだった。

仕方がないから、撮りなおしに行った。また飛行機に乗り、札幌から車を走らせて、道内に散っている家族にもういちど集まってもらい、撮って、帰ってきた。こんどは、ちゃんと撮れていた。

その写真を花森はひと目見て、フンとほうり出して、それっきりだった。使わなかった。よく撮れたとも、ご苦労さんだったとも、言わなかった。

大橋は説明する。「私がカメラの松本さんの助手をするということは、ただチャラチャラそばについていればいいんじゃなくて、松本さんがいちばんいい写真を撮ってくれるように、私が全神経を使っていなければいけなかった。そういうことなんです。あのことがなかったら、今日の私はなかったと思うくらいの出来事だった」

それは大橋が、花森にいちばんいい仕事をしてもらうために、全神経を集中しなければならないことでもあった。

赤い薄手のウール地で、ちいさな座ぶとんを作ったとき、花森は色見本を見せて、この赤の布地を探せ、と言った。まだ布地のあまりないころで、大橋は色見本を持って、デパートや洋服屋や服地問屋を歩きまわったが、どこにもなかった。花森は、どうしても探せ、と言う。大橋は困りはてて、染め物屋に頼んで染めてもらった。

雑誌は白黒写真なのに、どうしてこの赤でなければいけなかったのか、と大橋が聞いたとき、花森はかみつくように、なにを言うか、と怒った。まもなく雑誌にカラー時代がくる。そのとき、編集者に色の感覚がなかったら、どうなるんだ。それからでは、間に合わないんだぞ。この一枚一枚の写真が、君の勉強じゃないか。花森はカンカンになって、そう言った。

こういうこともあった。日立の家電部門にいた、花森の高等学校時代からの親友の奥村和が、「ハナ（花森）に渡してくれ」と封筒を置いていった。大橋はあずかって、花森に渡した。中を見て、いきなり花森は、返してこい、いますぐ返してこい！　とどなった。プロ野球の日本シリーズの券だった。花森はジャイアンツ・ファンだが、大橋は、野球のことはセもパも知らない。日本シリーズがなにかも知らなかった。しかも、花森の親友がわざわざ持ってきてくれたものだ。社員みんなのまえで、大橋はなにが起こったのかわけがわからず、ドキドキするばかりで、券を持ってとび出した。日立がどこにあるのかも知らなかった。探して行け！　と花森はどなった。

大橋は言う。「あれは社員みんなに、どんなに親しくても、自分はこういうものは受け取らないんだ、これはだいじなことなんだ、と言っていたんだと思う。私は社員みんなのまえで、あんなに恥ずかしかったことはなかった」

大橋が、本気で花森をどなったことがある。花森は、機嫌がわるくなると、何日も仕事をしなかった。なぜ機嫌がわるいのか理由がわからず、なにもかも気にいらないようすで、つまらないことに文句を言い、毎日ひとつも仕事をしなかった。そんな日が続き、雑誌の発行日が決まらず、大橋は会社がつぶれると思った。創刊以来の編集部員に、失敗したら助けてほしいと頼んで、大橋は身をふりしぼって花森をどなった。「花森安治！　天下の名編集長ともあろう者が、毎日毎日、つまらないことをぐしゃぐしゃ言って、一日じゅう、ひとつも仕事をしないで、みんなの仕事のじゃまをして、それでも名編集長なのか！」

花森はコロッと変わって、体で調子をとりながら、そっぽを向いて鼻歌を歌いだした。そして、さあ、仕事だ、と言った。

終戦の年、大橋がはじめて「女の人のための雑誌を作りたい」と相談したとき、花森は大橋にこう言った。こんどの戦争に、女の人は責任がない。それなのに、ひどい目にあった。ぼくには責任がある。女の人がしあわせで、みんなにあったかい家庭があれば、戦争は起こらなかったと思う。だから、君の仕事に、ぼくは協力しよう。

それが、暮しの手帖のはじまりであり、花森の戦後の仕事のはじまりだった。

大学卒業まで

生いたち

花森安治は、明治四十四年十月二十五日、神戸で生まれた。祖父の代から貿易商をしていた家で、五人きょうだいの長男だった。

妹の野林久美（京都市在住）、西林ヤヱ（西宮市在住）の話によると、父は体がよわく、あまり仕事をしていなかったようだ。母は、師範を出て小学校の先生をしていたとき、祖父に見こまれて、とついできた。母は家で薬局をやり、また、裁縫がじょうずで、ひとに頼まれた縫い物をひと晩で仕上げたりして、父を助けた。

父は、花森とすぐ下の妹久美を、毎月、宝塚少女歌劇へ連れて行ってくれた。父は競馬へ行ったり、子どもたちへのみやげをさげて朝帰りしたりもした。母が、父の外れ馬券を額縁に入れて掲げてから、父は競馬をやめたようだった。

花森は子どものときから絵がうまく、宿題に、走る電車を正面から、いかにも疾走してくるように描いて、先生に、親に手伝ってもらったにちがいないとしかられ、いや、ぼくが描いた、それならここで描いてみい、と教室に残されて描かされ、あとで先生が家にあやまりにきたことがあった。

郷里の丹波篠山へ行っていたとき、おおきな地震があり、花森はとっさに描きかけの絵を持って外へとび出して、あとで父に、着るものくらい持って出ろ、としかられたこともあった。

学校の帰りなどに、たとえばゲタ屋の店先に立ちどまって、仕上がっていくゲタと職人の手をじっと見ている、そういう、物をよく見ていることがあった。

物をだいじにし、本のページをめくるとき、下のほうをめくると本がいたむから、上のすみをめくるようにと、妹に注意したことがあった。

学校ではいたずら好きだったらしく、母は、学校へ行くと先生から、どうしてあんなにごんた（いたずら）なのかと言われるので、つらい、とこぼしていた。

母は料理があまりじょうずではなかった、と花森は書いているが、子どもたちの誕生日のごちそうは毎年決まっていて、十月の花森の誕生日は、肉まつたけ、五月の久美の誕生日には、ばらずし、その下の弟は、おぜんざい、というふうになっていた。肉まつたけというのは、まつたけ入りの牛肉のすき焼きで、それが花森の希望だった。この習慣は、花森の中学卒業まで続いた。

母は亡くなるすこしまえ、父に、裁縫のたくわえがあるから、花森を大学までやってほしい、と言っていた。母が亡くなったのは、花森が松江高校（旧制）一年のときだが、そのとき花森は、ふとんに横たえられた母を、わきにすわって真剣にスケッチしていた。そのうしろ姿を、下の妹ヤヱが廊下から見ていた。

母の形見として、花森がクシを持っていたことは、暮しの手帖編集部員が見ている。

花森は、父と母についてつぎのように書いている。

もう何十年もまえ、ぼくが中学の入学試験をうけたとき、発表の朝、父がこんなことをいった。

「お前、きょう落ちていたら、欲しがっていた写真機を買ってやろう」

ふとおもいついたといった調子だったが、それでいて、なんとなくぎこちなかった。へんなことをいうなあ、とおもった。おとうさんは、ぼくが落ちたらいいとおもってるのだろうか、という気がした。

○

そのときの父の気持が、しみじみわかったのは、それから何十年もたって、こんどは自分の子が入学試験をうけるようになったときである。

おやじも、あの前の晩は、なかなか寝つかれなかったんだな、とそのときはじめて気がついた。不覚であった。おやじめ、味なことをやったなとおもった。あまり好きでなかったおやじが、急になつかしくなった。

父は、もう何年もまえに死んでいた。（朝日新聞、昭和三十八年二月三日、暮しの手帖五十年三－四月の号に転載）

このごろ、ときどき、神戸の夢を見る。

ぼくの生れた町である。

（生れた国は、愛しぬいた末に、みごとに裏切られた、と書いたあと）

それなのに、生れた町には、みれんが残っている。町のせいではなくて、気はずかしいことをいえば、母親といっしょに過ごした、その日日のおもい出のためだろう、とこのごろ気がついた。

母親は、若くて死んだ。ぼくが高等学校へはいって、はじめての夏休みに心臓をわずらって死んだ。母親はそのとき三十八歳で、ぼくは十九歳だった。

ぼくの制服姿が珍しいのか、枕許に立たせて、あちらを向けの、こちらを向けの、と上から下まで眺めまわしてしみじみと、立派になったねえ、と言うから、あほくさ、とぼくが言った。

あんた、将来どうするつもり、ときいた。新聞記者か編集者になるんや、といったら、ふうん、といったきりだった。それから数日のうちに、母親は死んだ。（朝日新聞、「わが思索わが風土」、昭和四十七年六月十七日）

作家の田宮虎彦は、神戸の雲中《うんちゅう》小学校で、三年生のときから花森と同級生だった。田宮の話によると、花森は絵が大の得意で、教室のうしろの黒板におおきく、イソップ物語の教訓的な場面などをよく描いていた。とてもうまかった。子どもらしく、しかも大人っぽい絵だった。

五年生のとき、山部元一という先生が担任だったが、その山部先生の持っていたものを、花森は受けついでいると思う、と田宮は言う。山部先生は、勉強のできる子にも、できない子にも、やさしく公平な態度で接し、ものを説明するのがていねいで、わかりやすかった。

山部先生と花森のつきあいは、家族ぐるみでのちのちまで続き、田宮は花森から、山部先生に会うからいっしょに神戸に行かないか、と誘われたこともあった。田宮も山部先生を尊敬していた。

田宮と花森は、ふたたび東大（当時は東京帝国大学）の大学新聞編集部で再会するが、花森の妹によると、田宮は花森の「腹の底から話しあえる友だち」だったという。

花森は、神戸三中へ進んだ。田宮は、神戸一中へ行った。

一中は、一日じゅうゲートルをしていなければいけない。昼の弁当は、校庭で立って食べる。冬も、オーバーを着てはいけない。そういうスパルタ教育の学校だった。それにたいして、花森がいた三中は、ゲートルは教練のときだけ。弁当を立って食べることはなかったし、オーバーも認められていた。中学生の映画館への出入りがきびしかった時代だったが、映画も学校で見せてくれた。「紳士たらんとするものを養成する」というのが、校長の方針だった。

三中の一年上級に、映画でおなじみの淀川長治がいた。田宮によると、淀川の持っている、神戸の開明的なところ、港町の庶民的なところ、そういうものが花森にもあるという。そして、「紳士たれ」という校風のなかで、花森は自分でも語っているように、小学校時代のいたずらっ子とは違って、模範的生徒だったらしい。

現神戸市長の宮崎辰雄は同学年で、「『暮しの手帖』の花森安治君の異能ぶりは並ぶ者がなかった。とにかく雄弁で、校内の弁論大会ではいつも最後に登場する名物男だった」と書いている（日本経済新聞、「私の履歴書」、昭和六十年三月三日）。

花森の話術について、妹が紙芝居のことを話していた。花森は、祖父の影響で、ちいさいときから両親に連れられてお寺にかようなど信心をしており、中学生のときは、お寺の子供会で毎月一回、絵も自分で描いて、仏教のおはなしを紙芝居にして演じた。それがじょうずなので、妹は見ていてうれしかった。

暮しの手帖時代になってからも、花森はお寺からいただいた懐中御本尊を持っており、夜、それを取りだして、ふとんの上でおがんでいることがあったという。

神戸で過ごすのはほぼ中学までで終わるが、花森はやはり、生まれ育った神戸が好きで、週刊朝日の編集長をした神戸一中出身の足田輝一（ナチュラリスト）らと「バラケツ会」というのをつくって、定期的に集まっていた。バラケツというのは、足田によると、神戸の言葉で、不良がかった若いもん、という意味だそうだ。みんな、そういう精神にあこがれがあって、花森はその会にいつも出てきていた。バラケツは、今ふうに言えば、突っぱりに近いのだろうが、花森には、そういう、権威にたいする突っぱり精神があった。

松江高校時代

神戸三中を出て、花森は一年、浪人した。その一年間、花森は、神戸の山手の大倉山にあった市立図書館に通った。そのときのことを、花森は書いている（朝日新聞、「一冊の本」、昭和三十七年三月十五日）。

図書館からは港がよく見え、窓があいていると、汽笛がきこえた。ここの食堂で、二十銭出して、松葉どんぶりというのをよく食べた。閲覧室では、持ってきた教科書か参考書を読み、それにあきると、図書館から借りた本をひろげた。

そのひとつが、平塚らいてうの『円窓』だった。「元始女性は実に太陽であった。真正の人であった。今、女性は月である。他に依って生き、他の光によって輝く病人のような蒼白い顔の月である」とあった。

読んだとき、べつに感動しなかった。正直にいって、なにか勝手のちがった、どう気持を片付けていいか見当のつかないものを読んだような気持であった。

そのとき全部読んだわけではなく、二、三日して、その本をまた借りた。そのあと、図書館のカードで「婦人問題」の項をくってみるくせがつき、その項にはいっている本は、片っぱしから借り出した。ベーベルの『婦人論』も借りて、わかりにくいところは飛ばして読んだ。

一年の浪人暮しが終ったときにはこの図書館にある、婦人の地位とか解放といった本は、とにかくみんな一通りは読んでしまっていた。というと大げさだが、全部で二十冊くらいしかなかったのである。

あくる年、高等学校にはいった。その夏、母が死んだ。その死顔を見ていると、ふっと、「……今、女性は月である。他に依って生き……」という文章が、頭にうかんできた。お経の言葉のようであった。数日後、手紙や写真をしまってあった紙箱の一ばん底に、父の写真が紙に包んでしまってあるのをみつけた。芸者らしいのが横にならんでいた。

一年浪人して、花森は松江高校に入った。

入学してすぐ、弁論部に勧誘されたらしく、かた苦しそうに前列にすわっている記念写真が残っている。

二年から文芸部に入り、詩や小説を書いて、「校友会雑誌」の編集に参加した。それが、ぼくの編集者としての出発点だ、と花森は暮しの手帖編集部員に語っている。この文芸部で、のちに日本読書新聞編集長になる田所太郎といっしょだった。田所とは、東大に進んでから大学新聞でもいっしょになり、終戦直後、読書新聞にいた大橋鎭子に、この田所が花森を紹介して、暮しの手帖につながった。

花森の自慢は、昭和七年、校友会雑誌第二十号を責任者として編集したことだった。花森が暮しの手帖編集部員に語ったところでは、それまでの校友会雑誌の体裁をがらりと変えて、判をほぼ真四角にし、真っ白な木炭紙のフランスとじにした。装丁も、目次の組み方も、活字の割り付けも、みんなひとりでやった。表紙には、同心の正方形を、うず巻きのように、五ミリ間隔で銀色に描いた。それは先生方をも驚かした画期的なものだった、と花森は自賛した。

実物は、島根大学図書館が保存している松江高等学校校友会雑誌のなかに残されている。花森は、それに長い編集後記を書いており、その書き出しはつぎのようになっている。

本号の責任はすべて僕にある。

この編集は全く僕によって、その独断のもとになされた故に――この点、委員田所、保古の厚意に感謝したいと思う。

×

本号の体裁について――敢えてこの判をえらんだのはあながち僕の衒った趣味によるものではなくて、一行の字数を減じ、行数を増して、詩《（ママ）》の節約を得ると共に、読みやすさを考えたからである。……

本号の表紙について――僕の試作、批判を仰ぎたいと思う。

本号の組み方について――これはすべて、九ポイント一段組を以て構成された。紙面の変化を図るために、一部分は二段組に、との話もあったが、僕は独断を以て、全部一段に組んでもらった。僕自身の考えを言えば、二段組のあのゴミゴミした感じがいやなのである。

カットを入れてはどうか、という意見もあった。かなり強硬だったが、僕は断然これに反対した。見たまえ、全国数十の校友会雑誌が、そのカットによって、如何に紙面を、作品を、ぶちこわされていることか。失礼ながら、それかと言って、理想的なカットが、この学校で得られるのぞみは、恐らくあるまいと思ったからである。活字の集団と、直線による紙面構成に、美を見出してくれるひとはないものだろうか。

ともあれ、一学期に出せたことは、僕の貧しい誇りである。出せるものか、どうせ二学期だ、と言って呉れたひとは、一人や二人ではなかった。田所でさえ、そう言っていた。そう言われると、よし、出して見せる、というのが僕の悪いくせで、坊ちゃんじゃないが、少《(ママ)》さい時から、それで損ばかりしている。今度もちと本業がお留守になったが、とにかく、これだけのものにまとめ上げた。……

×

編集後記には、旧制高校生の気負いと、編集技術についての自負があふれていて、花森の面目躍如というところだ。

二年のとき、出水春三教授の英語の授業で、カーライルの『衣服哲学』を読んだ。同級生の奥村和によると、花森が授業であてられたとき、この難解な文章を、先生がつかう言葉をまねて訳したのには驚いた。勉強家で、理解がはやかった、と奥村は言う。

この『衣服哲学』を読んだことが、花森の東大卒業論文「衣粧の美学的考察」の動機になったと言われるが、もともとカーライルの『衣服哲学』は、ふつうの意味での衣装論ではなく、花森が暮しの手帖編集部員に説明したところでは、卒論は、当時日本に紹介されたウィーン学派の社会学的美学に影響を受けたと言っている。

花森の松江高校時代、学生の処分撤回を要求して、二十日間をこえるストライキがあった。学生たちは、そのあいだ、寮にかんづめになり、夜、上級生たちが、小津安二郎の映画を上映したりした。

そのとき花森は、この騒動をモデルに即興の芝居を書き、ヘラヘラした学生に、洋服を裏返しに着せて校長の役をやらせ、自分で演出した。スト中に、こんなことをやろうと考える学生は、花森のほかにいなかった、と奥村は感心している。

一年おくれて松江高校に入り、花森を追って東大美学美術史学科に進んだ、詩人で映画批評家の杉山平一（元帝塚山学院短大教授）によると、ストライキのときでも、花森は活動家ではなかった。ストライキが終わり、これを境に学生運動は退潮してゆくが、そのとき花森は、いままでいう学生自治会の会長をやり、「埃（ほこり）を払って、誇りを持とう」と、しゃれまじりの演説をしていたのを杉山は覚えている。キャッチフレーズがうまかったらしい。

旧制高校の解放された空気のなかで、仲間たちといたずらもやった。花森の話では、バスの停留所の標識を、夜中にエッサエッサとかついで、つぎの停留所との中間まで、つぎつぎに移動させ、翌朝バスに乗りこんで、運転手がどう反応するかを確認して大喜びしたりした。

花森の、校友会雑誌の斬新なデザイン、新感覚派ばりの小説、詩、独自の字体など、杉山は一年上の花森に注目し、魅せられて、花森とおなじ美学美術史学科に行くのだが、美学の授業で花森に会った記憶はないという。花森は、大学新聞に熱中していたらしい。

杉山が東大に入って上京し、さいしょに、すでに所帯を持っていた仏文科の田所の家を訪ねたとき、そこに花森が来ていて、いい下宿があるから入れ、と言って連れていってくれた。それが大学ちかくの「長栄館」で、かつて作家の武田麟太郎や藤沢桓夫が住み、杉山が入ったときも、のちに漫才作家になる秋田実がいた、有名な下宿だった。いまでは、小説にもテレビドラマにも登場している。

花森の字について、杉山には思い出がある。松江高校時代、杉山はペン先を替えて細い字を書いていたが、花森は、その太くなったペン先をみんなからもらって、いつも太い字を書いた。いい字だった。後年、花森が大政翼賛会に入り、やがて太平洋戦争が始まって、「進め一億　火の玉だ」の翼賛会のビラを大阪の街頭で見たとき、花森の字だ、やってるな、と杉山はなつかしく思った。

昭和十七、八年に、銀座通りで街頭写真屋が撮った、杉山と花森の写真がある。杉山は背広姿だが、花森はパリッと国民服を着ている。杉山によると、花森には、時代の先端を行って得意になるところがあり、いちはやく国民服を着て、背広の杉山に、背広なんか着てぼやぼやしとっちゃいかんぞ、というような、そういう雰囲気があった。なにぶん一年上級生なので、こわい人でもあった、と杉山は言う。

「帝国大学新聞社」時代

昭和八年、花森は東京帝国大学文学部美学美術史学科に入った。

大学構内で、「編集部員募集」のはり紙を見て、作文と面接の試験を受け、帝国大学新聞社（東京大学新聞社の前身）の編集部員になった。小学校の同級生だった田宮虎彦が、編集部の部屋に行ったとき、オーイと花森が声をかけた。田宮は、京都の三高から東京帝国大学の国文学科にきていた。

当時の編集部には、扇谷正造、岡倉古志郎、杉浦明平、田所太郎らもいた。編集部は、安田講堂のわきの、震災で焼け残った木造の建物の一室にあり、編集部員のなかには、新聞の仕事がおもしろくて、教室に行くよりもこの建物に通い、のちに「大学新聞編集部卒」とみずから名乗る者もいた。

花森も、そのひとりだったらしい。田宮の話によると、田宮と花森はいっしょに文芸欄を担当した。一年生のとき、作家の武田麟太郎とプロレタリア画家の柳瀬正夢をまねいて座談会をしたことがあった。そのとき、画家の柳瀬が花森の絵をほめて、花森に、ほかのことはやめて絵かきになれ、とその席でさかんにすすめていた。

座談会が終わってから、田宮は武田とふたりで町に出たが、歩きながら武田が、花森のことを、あれはたいへんな男だなあ、と言った。どういう意味ですかと田宮が聞いたら、こっちが発言すると、すぐ花森が突っこんできたり、べつの意見を出してきたりするが、その言っていることが学生のレベルをこえている、と武田は答えた。

文芸欄で映画も担当した。アナベラ主演の『春の驟雨』やデュビビエ監督の『にんじん』が公開されたときは、花森の企画で映画特集を組んだ。それらの取材で東和映画に行き、花森は、社長の川喜多長政・かしこ夫妻の信頼をえた、と田宮は言う。

川喜多かしこによると、当時、大学新聞に載る映画評や映画紹介の記事は、インテリ層の観客動員に、いまでは考えられないくらいおおきな影響をあたえたという。

花森は、取材や座談会の司会に活躍したほか、もうひとつ、文芸欄のレイアウトに才能を発揮した。花森の編集した紙面は、見出しの罫《けい》と余白の使いかたが新鮮で、のちに週刊朝日編集長になる扇谷を驚かせた。花森はカットも自分で描き、ときには政治漫画も描いていた。当時の編集長だった殿木圭一によると、ある時期、カットはぜんぶ花森が描いていたはずだという。

殿木圭一「『帝国大学新聞』の歴史」(東京大学新聞社、『帝国大学新聞』縮刷版・別巻、不二出版刊、昭和六十年)によると、この新聞社は、教授、OB、学生の有志からなる任意団体で、大学の機関でもないし、学生団体でもなく、「明確には規定されない一種不可解な存在」だった。花森がいたころ、理事長は美濃部達吉、理事には河合栄治郎らの教授がいた。

新聞は、昭和四年に八ページ、八年に十ページ、十年には十二ページという勢いで、先輩や全国の大学生、一般市民をも読者にして、発行部数は六万部に達した。臨時増ページや広告特集もやった。新聞は、OBの人事消息や、各高等学校に置いた通信員からの高校ニュースも載せ、東大入試の合格者氏名や高校別合格率をいわば独占掲載した。また、昭和八年公開のフランス映画『巴里祭』をヒントに、それまでの大学の「全学公開」を、その年から見出しで「五月祭」と呼んだのも、大学新聞だったという。

『巴里祭』封切りのときは、辰野隆、鈴木信太郎、渡辺一夫、山田珠樹らのフランス文学者による大座談会を紙面に載せるなど、大学新聞は、戦争の時代に突入するまえの、しばしの黄金時代を謳歌していた。

二・二六事件のとき、長栄館にいた松江高校の後輩・杉山のところへ、花森が、新聞社にいる先輩から聞いたと事件を知らせてきた。大学新聞の理事長をしていた美濃部達吉への右翼の攻撃などが、あらわになってきていた。そういう時代だった。

大学新聞編集部員は、二十人から三十人くらいで、それぞれが、大学本部や各学部、研究所、運動会などの取材先を分担し、紙面の担当も決まっていた。編集会議は、毎週、月曜（その週の企画）と金曜（そのまとめ）の二回、他の日は取材や原稿取りに動き、金曜までに記事を集めて、土曜は紙面編集だった。それはしばしば夜おそくまでかかり、深夜、大学の塀を乗り越えて通りにとびおりると、そこにすし屋の屋台が待っていたりした。

日曜は出張校正と大組みのため、数寄屋橋の朝日新聞社へ行った。夕方、全ページの大組みが終わると、銀座へ出て、大学新聞の予算で、たいてい洋食屋の「オリンピック」で食事をし、新聞社にもどって刷り出された新聞を点検して帰った。発売日の月曜の朝には、大学の正門前に屋台を出して売った。新聞は、飛ぶように売れた。

杉浦明平は書いている。

大学卒業の前、帝大新聞は学生の編集者をいたく酷使した。編集費をふやさずに増ページ増ページで、体が参りそうになったとき、花森は田宮虎彦や岡倉古志郎などと中核となった新聞社のボスたち相手に待遇改善と編集員増員とをじつに根気よく交渉した、交渉したというより闘ったといった方がよい。いつも冗談をいって人を笑わせている花森があんなに真剣に頑張るとは予想もしなかった。良識の線をいいかげんの

妥協でゆずることができなかったのである。（図書新聞、昭和五十三年一月二十八日）

大学新聞では、広告も販売も専門の係がおかれ、大学からの補助がなくても、編集部員には、一年生十円、二年生十五円、三年生二十円の月給が支払われた。田宮の話によると、貧乏学生はひと月三十五円くらいで暮らしていたから、この月給はおおきかった。そのうえ、月曜と金曜の編集会議の日の昼めしと、日曜の大組みの日の晩めしは、ただで食べさせてくれたので、これも助かった。

花森は、ひとことも言わなかったが、経済的には苦しかったと思う、と田宮は言う。花森が戦後すぐ「スタイルブック」を出し、そこで直線裁ちのデザインを提唱するのだが、その直線裁ちは、大学時代の花森の苦学生的な暮らしの産物ではないか、と田宮は笑いながら推測する。一枚のきれのまんなかに穴をあけ、そこに頭を通して、腰のところをひもでしばる。そういうかっこうで、花森は堂々と、あるいは、さっそうと、大学を闊歩していた。あれが直線裁ちだ、というのが田宮の解釈だ。もっとも、田宮の暮らしも、花森とおなじようなものだったという。

この時期、花森とよくつきあった大学新聞編集部員に、おなじ美学美術史学科の泉毅一がいる。泉は朝日新聞に入り、のちにＮＥＴ（現在のテレビ朝日）の編成局長などをした。泉は、われわれ夫婦にとって、花森は忘れがたい人物だ、と妻の貞子といっしょにつぎのように語る。

泉は、本郷・森川町の、徳田秋声が持ち主だという新式のアパート、フジハウスの一室に住んでいた。花森とは、よく銀座へ映画を見に行き、帰りには決まって泉の部屋で、当時はまだめずらしかったサイホンのコーヒーわかしを使って、ふたりでコーヒーを飲みながら、夜おそくまで見てきた映画を語りあった。泉の卒業論文は、映画の芸術性をテーマにしたものだった。

神戸育ちの花森も映画が好きで、目玉の松ちゃんやパール・ホワイト嬢などの活動大写真時代から映画を見ており、アベルガンスの前衛映画にこったり、『会議は踊る』や『巴里の屋根の下』は、十二回見た、十四回見たというばかげた記録をもっている、と暮しの手帖に書いている。泉によると、いっぽうで花森は、極楽コンビと呼ばれた喜劇の人気俳優、スタン・ローレルとオリバー・ハーディのものまねがうまくて、いま思い出してもおかしいという。

また泉は、花森や田宮といっしょに、赤門前の路地を入ったところにあった喫茶店「ブラックバード」によく行った。そこにはあこがれの電蓄があって、ベートーベンのピアノ協奏曲やチャイコフスキーのバイオリン協奏曲を聞いた。

そのころの学生生活で、杉浦にはこんな思い出もある。

花森は新聞の編集をたのしんでいるように見えたし、わたしと同じ学生なのにずいぶん大人だった。そしてその年だったか次の年だったか花森は「結婚した」と新聞関係のものを自宅に呼んだ。新夫人は松江で有名な老舗の呉服屋の娘さんでミス松江ということだった。……細かいことは忘れたが、……十数人の客に出された鉢や小皿やスプーンがみんな新聞編集室に出前にくる中華料理店やフジ・アイスのものだったことだけ今でもおぼえている。（同）

泉の話にもどるが、大学三年の十一月、泉は盲腸をこじらせて大学病院に急いで入院することになり、郷里の母と、京都にいた婚約者の貞子を呼びよせた。このとき花森は、慣れない東京でまごつく女ふたりを助けて、どこからか荷車を借りてきて、それに泉を寝かせ、ふとんを積んで、本郷三丁目の角を曲がり、大学病院まで引っぱって行った。

退院してからも、泉の部屋にきて、年末に提出しなければならない泉の卒業論文を、卒業しなければ結婚できないじゃないかと言って、一生けんめい手伝った。構想の段階から映画論を交わしていたので、花森も要領は心得ていた。

こうしたつきあいのなかで泉が発見したのは、花森の生活感覚だった。婚約者の貞子を加えて三人で、ときどきフライパンで、すき焼きをしたが、それに入れるネギは関西のあおいネギじゃなければだめだとか、砂糖としょうゆをどう入れるかとか、東京のうどんはつゆがまっ黒で食えないとか、味にかんして京都育ちの貞子と意気投合して、花森はわいわい言った。

男はなんでもだまって食べろ、と育てられた富山出身の泉には、食べものの味にこだわる花森がめずらしかった。貞子にとっては、花森は話の通じる帝大生だった。

貞子は、京都から、銀座の流行を教えてほしいと泉に手紙を書いた。そのたびに泉は、さっぱりわからないので、花森に絵を描いてやってくれと頼んだ。花森は、銀座で女の服装を観察し、スタイル画にして泉に渡した。貞子は、何枚も送ってもらった、花森のスタイル画を目にしたのは、私がさいしょではないか、と言う。

貞子によると、その絵は、暮しの手帖の絵とおなじように、人物の顔が、鳥か魚みたいにとんがっていて、デフォルメされていたので、カフスの幅がどうなっているのか、ここのレースがどう付いているのか、こまかいことがわからず、あまり役に立たなかった。もっとこまかく描いてほしい、と泉に催促したくらいだった。

泉が花森にたいして持っている印象は、花森の心づかいが具体的で、役に立つことをしてくれる男だった、ということだ。とかく学生のつきあいは談論風発で、実生活の役に立たないことがおおいが、花森のは、どこかから荷車を借りてくる、銀座のスタイルを絵で見せる、すき焼きの味を自分で加減する。そういう日常的で、具体的なところが、当時の学生のなかで忘れがたい、と泉は言う。

「パピリオ」時代

花森は大学新聞編集部員として、安井曾太郎や中村研一といった画家たちに絵や原稿を依頼に行き、そのひとり、佐野繁次郎と知りあった。佐野は、構光利一の小説の挿絵を描くなどの売れっ子で、同時に、御園白粉《みそのおしろい》で知られた伊東胡蝶園で、広告のブレーンをしていた。昭和十年、伊東胡蝶園は新しい製品を「パピリオ」の名で発売し、やがてたいへんな人気商品になるのだが、その文字が独特のしゃれた字体で、佐野の手になるものだった。

花森が語ったところによると、佐野がおもしろいおっさんなので、押しかけて行って、おれを使ってくれと言ったら、いつから来るかと言うから、あしたから来ると答えて、それで決まった。月給はいくらほしいかと言うから、六十五円と言いたかったが、遠慮して五十五円と言ってしまったので、そう決まった。

これが大学新聞編集部の学生時代で、ぼくは金ボタンで月給を取っていたんだ、卒業のときには子分もいた、と暮しの手帖編集部員に語っている。

花森は、大学に一年よけいにいて、そのさいごの一年のあいだに、佐野のもとで、パピリオの広告文案や広告写真を作るなどの仕事をしていたらしい。そして、船場生まれの佐野の洗練された色彩感覚や商才を、花森はすっかり自分のものにした。佐野の字体とそっくりの字を書き、佐野の家族も本人の字と間違えるほどだったという。

当時、伊東胡蝶園の総務部長で広告も担当していた五所正吉の話によると、花森がいつ入ってきたかはっきりしないが、佐野はどちらかといえば技術屋だったので、新聞広告のコピーなどは、もっぱら若手の花森が書いた。花森のコピーは、むずかしい言葉を使わずに、やさしく言うのが特徴で、コピーの組み方といい、文字の配列といい、花森の独壇場だった。

会社も花森の将来を嘱望して、花森が卒業して兵隊に行ってからも、五所の手紙をそえて、留守宅に月給を送っていたという。

太平洋戦争が始まってから、花森が大政翼賛会に行ったことは知っていたので、五所は、市電のなかで「欲しがりません勝つまでは」のポスターを見たとき、すぐ、花森の字だと思った。よく目立つ文字だったことを、はっきり覚えている、と五所は言う。

このパピリオ時代に、花森は佐野といっしょに、エッセーを主にした『きもの読本』という本を作っており、この経験が、のちに暮しの手帖を考えるときのヒントになった、と語っている。

花森は、昭和十二年に大学を卒業し、その年、徴兵検査を受けて甲種合格した。

大政翼賛会のころ

大政翼賛会宣伝部

花森安治は、戦争中の自分の仕事について、外に向かっては、ほとんどなにも言わなかった。自分について書かれたことにも、否定や弁明をしなかった。だから、わからないことがおおい。

戦争中の花森の仕事は、大政翼賛会の宣伝部を舞台にしていた。花森の、二十九歳から三十三歳までの期間にあたる。

大政翼賛会は、日中戦争が始まって三年目、昭和十五年の十月に結成された。翌十六年には、太平洋戦争が始まった。

大政翼賛会は、はじめ、首相の近衛文麿を総裁として、長期化する戦争と政治のゆきづまりを打開しようとする新しい国民運動として組織された。しかし、既成の政、財、官や軍などの右勢力から「赤だ」と攻撃されて、革新色はすぐ失われ、戦争遂行に向けて、国民の日常生活のすみずみまでを統制する、政府の補助機関になった。宣伝部は、その国策宣伝の中心的な役割をになった。

宣伝活動は、「戦意高揚」と「生産増強」を柱に、大別すると、出版物・印刷物の発行、時局講演会の開催、映画・演劇の製作や巡回公演などだった。

スポーツ評論家の川本信正（八〇）は、大政翼賛会の発足まもなく、宣伝部に入った。宣伝部の主要な顔ぶれは、つぎの通りだった。

宣伝部長　久富達夫

同副部長　八並璉一《やつなみれんいち》、入沢文明、本領信次郎

宣伝部長の久富は、内閣情報局次長と兼務だった。毎日新聞の政治部長、編集総務をへて、情報局入りした。東大工学部造兵科、法学部政治学科卒。学生時代は、ボート、ラグビー、柔道などをやったスポーツマンで、帝国大学新聞（のちの東京大学新聞）の編集部員だった。のちに日本放送協会専務理事、戦後は、日本オリンピック委常任委員、体協理事などをした。

副部長の八並は、久富が毎日新聞政治部長のとき、政治部員、同副部長だった。東大法学部卒。久富のあと、翼賛会の二代目の宣伝部長になった。戦後は、東京放送（ＴＢＳ）に入り、編成局長などをした。

おなじ副部長の入沢は、朝日新聞政治部から翼賛会に入った、東大文学部社会学科卒。学生時代、ラグビーをやっていたという話がある。戦争中に、日本交通公社の前身である東亜旅行社に入り、戦後、文化事業部長、理事などをした。

本領は、早大政治経済学部卒。早大ラグビー部の名選手で、日本初の海外遠征チームの主将をした。ドイツ留学ののち、早大講師、高等学院教授だった。昭和十七年、衆院選に当選。戦後は改進党に所属した。

以上、いずれも故人となっている。

川本信正は、読売新聞運動部記者だった。東京商大（のちの一橋大）の出身。戦時色が強まるとともに、読売新聞の運動部が縮小され、仕事がなくなってきたとき、社長の正力松太郎に呼ばれ、翼賛会宣伝部長の久富から声がかかったので行きたまえ、と言われた。翼賛会に入ってまもなくの昭和十六年四月に、本領がやめて、川本も副部長になった。このように、大政翼賛会宣伝部の主力は、毎日、朝日、読売などの新聞記者だった。

川本よりおくれて、十六年春、花森が宣伝部に入ってきた。花森は、東大の学生時代、大学新聞で活躍していたので、花森を翼賛会に呼んだのは、大学新聞の先輩である宣伝部長の久富ではないか、といわれている。

川本によると、花森は傷痍軍人として満州（中国東北部）から帰り、陸軍病院で療養していたということで、他の人と違い、いがぐり頭だった。そのうえ、「オニガワラ」のようなつらがまえだったから、入ってきたときから目立ち、「ありゃ、だれだ」と、だれかが言ったくらいだった。翼賛会は、あちこちから人を集めた寄り合い所帯だった。

幻のポスター

川本が、花森のやった仕事として覚えているのは、そのご、翼賛会の標語のようになった「大政翼賛」「臣道実践」の文字を、力強い筆で書いたこと。また、「欲しがりません勝つまでは」の当選標語を、ながい紙におおきな字で、やはり毛筆で書いたことだ。りっぱな字だった、と川本は言う。それらは、印刷されて、全国の市町村や学校に配布され、張りだされた。「欲しがりません勝つまでは」については、あとでもういちどふれる。

もうひとつ、川本が覚えているのは、花森が「あの旗を射て」のポスターを描いていたことだ。それを見て川本が、「射て」は「いて」と読まないかと言ったら、花森は、このほうが強いんだ、射抜くんだ、と言ったという。

旗は星条旗ではなく、ユニオンジャックで、それが射抜かれてはらりと地に落ちている姿だった。その時期は、シンガポール陥落のころだったと思う、と川本は言う。シンガポール陥落は、開戦の翌年、昭和十七年二月だった。

「あの旗を射て」のことは、当時、朝日新聞の社会部記者だった扇谷正造も、戦後、書いている。扇谷と花森は、大学新聞時代からの友人だった。

しばらくぶりで彼と会った所は大政翼賛会であった。私は朝日からの出先記者、彼は、宣伝部員か、副部長か何かだったと思う。クリクリと頭を丸めて、ひどくかわいらしかった思い出がある。……そのころ、彼はあの名句「あの旗を討て《ママ》」というのを創造した。（「反俗漢・花森安治の秘密」、特集文藝春秋、昭和三十二年十月）

花森が「あの旗を射て」の標語を作り、そのポスターも描いたということは、こんにちまで、いわば定説のようになっており、花森の死を報じた新聞記事にも、それを書いているものがあった。

それはどういうポスターだったのか。

川本は、戦争中のグラフ雑誌に載っているのではないか、あれば、ぼくももういちど見てみたい、と言う。

たとえば「陸軍画報」のようなグラフ雑誌に載っているのではないか、あるいは、ポスターが残っているのではないかと、国会図書館や防衛庁戦史部に問いあわせたが、なかった。シンガポール陥落のころを中心に「アサヒグラフ」を調べたが、他の標語や、それをあしらった絵はあっても、「あの旗を射て」はなかった。

戦争中の出版物のぼうだいなコレクションを持っている児童読物作家の山中恒に、資料のどこかで「あの旗を射て」に出あったことがあるかどうかを聞いてみた。山中は、戦争中のグラフ雑誌はもちろん、総合雑誌、婦人雑誌、児童雑誌、単行本、漫画本、紙芝居から、法令、裁判記録にいたるまでを、自宅の書庫いっぱいに保存している。

山中は、心あたりの資料を見てくれたが、なかった。そして、おなじように戦争中の大量の記録を集めて著作活動をしている高崎隆治に問いあわせ、ふたりで話しあってみたが、やはり、ない、というのが結論だった。

その代わり、ふたりが、それはこのポスターのことではないか、と言ってあげたのは、「おねがひです。隊長殿、あの旗を射たせて下さいッ！」という大判のポスター（当時は、壁新聞ともいわれた）だった。そのポスターは、山中の手持ちの雑誌に載っている。

「あの旗を射て」と、「あの旗を射たせて下さい」と、似ているが違うふたつのポスターが存在するようなことになってしまった。

後者の「射たせて下さい」のポスターは、制作者がはっきりしている。その関係者のひとりである新井静一郎（七九）は、かねてから、花森作といわれてきた「あの旗を射て」に疑問を持っていたという。

新井静一郎は、現在、日本広告技術協議会会長をしている。戦争中は、民間の広告・宣伝技術者をメンバーに報道技術研究会（報研）という団体を作り、国策宣伝のポスターなどを制作していた。

その報研の活動をまとめた本が戦後、出版されている。山名文夫・今泉武治・新井静一郎編『戦争と宣伝技術者——報道技術研究会の記録』（ダヴィッド社、昭和五十三年）が、それだ。この本のなかに、山中や高崎があげた「射たせて下さい」のポスターのことが書いてある。

それによると、このポスターは、昭和十七年に「大東亜戦争一周年記念」として作られた。制作者はいずれも報研のメンバーで、「企画構成・山名文夫、イラスト・栗田次郎、文字・岩本守彦」と書かれている。そして「(報研は)壁新聞も数多く作ったが、一番評判になったものは、大政翼賛会の〈お願いです。隊長殿、あの旗を射たせて下さい!〉の全判ポスターであった」とある。

このポスターが、大政翼賛会のものとして作られ、おおいに評判になったことが、この記述からわかる。

これとおなじ「大東亜戦争一周年記念」に、報研は、「十二月八日」、「さあ二年目も勝ち抜くぞ」の、文字だけの小型のポスターも作っており、このほうは、「構成・山名文夫、文字・村上政夫」となっている。その村上が、当時の思い出を、この本のべつの個所につぎのように書いている。

或る日、私一人のとき電話が鳴った。翼賛会の花森安治氏からであった。一度逢いたいという内容であった。それから「報研」は花森さんの数々の企画を制作するのであるが、この電話が花森さんとお話した最初なので、あのときのお声も忘れられない。

翼賛会にはそれからよく出かけた。花森さんは実においそがしかった。机の上には書類から売込みのポスターまで山のような紙で、「まるでクズヤだな」と憮然としておられた……

私が使っていただいた仕事では昭和一七年の開戦一周年のキャンペーンがある。「十二月八日」……をテーマにする企画で、そのロゴタイプに私の文字が選ばれた。

つまり、翼賛会の花森は発注する側、報研は花森と打ちあわせて、制作する側だったことがわかる。

報研が「おねがひです。隊長殿、あの旗を射たせて下さいッ！」を制作した当時、花森とどういう打ちあわせをしたか、具体的なことは、新井も覚えていないが、あのポスターは報研が作って、完成したものを花森に渡したのは間違いない、と新井は言う。その新井が、花森作といわれる「あの旗を射て」を、見ていないし、知らないという。

翼賛会で花森が、「あの旗を射て」を描いているのを見たという川本によると、その時期はシンガポール攻略戦のころ（昭和十七年二月十五日、英軍降伏）だというのだから、大東亜戦争一周年の十二月よりまえのことになる。それなら、そのあとで報研が「あの旗を射たせて下さい」という似たようなポスターを作るとき、自信家の花森だから、自分の作品についてなにか語るだろうし、持ってきて見せるくらいのことをしたろうと考えても、おかしくないのではないか。

それを、新井は、知らないという。新井が見ていないというのは、存在しないという意味なのかを聞いたとき、「私はそう思います。ないと思います」と新井は答えた。そして、「あの旗を射て」というのは、「映画の題名だと思います」と言う。

『あの旗を撃て』は、東宝映画の題名にある。それは、松竹の『海軍』とともに、「大東亜戦争二周年記念映画」として、それぞれ陸軍省後援、海軍省後援で作られ、評判になった。『あの旗を撃て』は、大河内伝次郎主演、阿部豊監督で、マニラに長期ロケし、フィリピンの俳優も出演した、おおがかりな作品だった。

戦後、『ひめゆりの塔』や『ここに泉あり』のプロデューサーをした伊藤武郎（七七）は、当時、東宝にいて、この作品の製作担当者だった。伊藤によると、映画ははじめ『コレヒドールの最後』という題名だった。昭和十七年五月、フィリピン戦線で最後のコレヒドール島が陥落し、その直後に、伊藤は映画『コレヒドールの最後』の製作準備のため、シナリオライターらとともにマニラへ向かった。

シナリオが難航し、年が明けて十八年早々、東京の撮影所長をしていた森岩雄からマニラに、「映画の題名は、『コレヒドールの最後』ではなく、『あの旗を射て』に変える。英語で〝射て〟は、ダウン・ウイズだ」と電話がかかってきた。伊藤は、まあ、その題のほうが文学的なんだろうと、言われるままに納得して、なぜ変えるのかの理由を森に聞かなかった。だから、この題名がどこから出てきたのか、伊藤は知らない。英語では「ダウン・ウイズ」と言うのか、へェー、と思ったので、この電話はよく覚えている、と伊藤は言う。

森の電話のひと月ほどまえに、国内では、報研の「あの旗を射たせて下さい！」のポスターが出て評判になっているわけだが、もちろん、それとの関係はわからない。

題名が『あの旗を射て』に変わったので、伊藤は、投降したフィリピンの兵士たちが、地面に落ちた星条旗を踏みつけて行進してゆく場面を、わざわざつけ加えた。おかげで、米軍が日本に進駐してきたとき、伊藤は、自分が戦犯になるんじゃないかと、本気で心配した。

マニラでの撮影のあと、伊藤は、フィリピン公開版のために、日本軍が威圧的に見える部分を現地で手直しして、ずっとおくれて帰国した。映画『あの旗を撃て』は、十九年二月十日に封切られた。題名の「射て」が「撃て」に、また変わっていた。伊藤はマニラにいて、そのことを知らなかった。

これも関係はわからないが、映画製作中の十八年三月、陸軍記念日の標語に、「撃ちてし止まむ」が世に出ていた。

森は故人になっていて、話はそこでとぎれてしまうのだが、もしかしたら、映画を後援した陸軍省の報道部と東宝との打ちあわせの席に、翼賛会宣伝部も出席していて、そこで花森案の「あの旗を射て」が出てきた、と考えられなくもない。

しかし、そうだとすると、川本のいうシンガポール攻略戦のころとは、時期が合わないし、残されている映画『あの旗を撃て』のポスターも、射抜かれたユニオンジャックではない。

報研の「あの旗を射たせて下さい」のポスターが評判になり、『あの旗を撃て』の映画がヒットして話題になった。そのふたつが、時の経過のなかで、ひとつになって、花森作のポスターとして伝えられてきたのではないか。戦争中の資料を探してくれた山中と高崎は、そう考えられるというのだ。

高崎によると、「あの旗を射たせて下さい」という状況は、もともと太平洋戦争ではなく、日中戦争のごく初期の、上海戦や南京政略戦のころにあったものだという。中国軍が英米の国旗をかかげた建造物に接して陣を築くので、攻める日本軍は撃つことができない。たまりかねて、兵士が叫ぶ。「おねがひです。隊長殿、あの旗を射たせて下さい」。そういう場面は、当時の従軍記などに書かれているという。ほんとうに日本軍が英米の旗を撃つのは、そのすこしあとだ。

報道技術研究会

大政翼賛会の花森とポスターとの結びつきを、べつの面からふれてみる。

これまで書いてきたように、報道技術研究会（報研）の仕事と花森の仕事とが、重なっている部分があるので、報研の仕事の内容を、前出の『戦争と宣伝技術者』をもとに紹介する。

報研という団体は、当時、森永製菓の広報課にいた今泉武治と新井静一郎が、資生堂広告意匠部にいた山名文夫と相談して、大政翼賛会の結成とほぼ同時期の昭和十五年十一月に発足した。それまで商業美術とか産業美術と呼ばれてきたものを、戦時下のいま、「国家的機能、社会的機能として見直さなければならなくなった」という趣旨のもとに、業界の宣伝・広告技術者に呼びかけて結成された。背景には、物が不足してくるのにつれて広告も減り、生きる道を国策宣伝の仕事に求めた、という事情もあった。

報研は、内閣情報局、大政翼賛会、陸軍省報道部、大日本飛行会などの数多くのポスターや展示物を手がけ、終戦までの五年間に、約百五十点を制作した。その内訳はポスターと壁新聞が六〇パーセント、巡回展や展示物が二三パーセント、などと記録されている。

新井によると、「われわれが翼賛会の仕事をするとき、いつも翼賛会の側にいたのが、花森さんだった」。そういう関係にあった。報研は、今ふうにいえばプロダクションだろうが、たんなるポスター屋の集まりではなく、宣伝の理論研究、技術研究もめざしていた。手がけた仕事には、展示物や壁新聞がおおく、それらの報研の作品には、背後にかくれたシナリオがあり、ストーリーがあって、説得的である、という特色があった。

おなじ戦意高揚であっても、絶叫型、命令型ではなく、花森は翼賛会のなかで、「われわれのそういう仕事を、よく理解する人だった」と新井は言う。「だから、われわれは花森さんを、仲間内の人のように思っていた」

昭和十八年から二十年の終戦までに、報研が制作した翼賛会関係の仕事を列挙すると、つぎのようになる。

貯蓄ポスター／国民皆働ポスター／壮丁皆泳講習会ポスター／勤労報国隊ポスター／「一億敢闘実践運動」組みポスター／羊毛供出ポスター／「敵愾心昂揚移動展」の制作／松脂ポスター／「戦時農園栞」編集／麻増産ポスター／新穀感謝ポスターと壁新聞／「これ

がアメリカだ」移動展／翼賛会窓新聞制作／「ヒマを作ろう」の栽培ポスター（種からヒマシ油をつくる＝編集部注）／「絹も決戦場へ」ポスター／「決戦だ、その手休むな追撃だ」の伝単（ビラ）制作／寮向け宣伝物「姉の手紙」制作／災害地向け宣伝物の制作／「空襲と戦う都民移動展」／「進んで戦災者へ部屋を・衣料を・食器を提供しよう」の描きポスター／ラバウル移動展／「現金を持つな」移動展／アメリカ残虐物語展／繊維増産移動展

最後の「戦災援護会のポスター」制作は、終戦直前の八月四日になっている。

花森との関係でいえば、「はじめのころ、花森さんは、われわれの仕事に積極的に乗りだしてきていたが、途中からは花森さんが忙しくなって、われわれが出す案をウンウンと聞いているようなことが、おおかったと思う」と新井は言う。

また、この『戦争と宣伝技術者』のなかには、昭和十九年以降のものだけだが、「報研日誌」「今泉日記」というものが、抜粋紹介されており、ところどころに、花森の名が見える。たとえば――

（十九年九月十五日）……移動展原案本日までとなっているのに、山名・今泉出勤

おそく心配であったが、午後になって両氏出勤、それぞれ原案を作成してきた。明日山名氏が花森氏と会い説明することになった。

（同年十一月六日）　午前中に山名氏翼賛会に来り、花森氏、新井と共に、第二回移動展案につき打合わせを行う。挿絵家を動員して、アメリカのアジア人圧迫と侵略の史実を描かせようとするもので、報研が企画立案をする。

（二十年三月十二日）　三・一〇大空襲。東京都の⅔を失う。……翼賛会から〝進んで罹災者へ部屋を・衣料を・食器を提供しよう〟の描きポスター六〇枚の依頼。

（同年六月四日）　花森氏、イチゴをもってきてくれる。

（同月二十三日）　花森氏から。軍需省と各省が決戦攻勢宣伝に力を入れたいということを、情報局がスラスラととり入れ、この宣伝政策が、宣伝の決戦的政治戦略にまでなるだろうという。

（七月十四日）　〝翼ありて勝つ〟（大久保案）のポスターのスケッチを依頼される。夜、情報局の情報官（名前忘れた）、花森氏、翼賛会の八並氏を招き、報研事務所で鳥料理（今泉の土産）の会を開く。話題として、局の決戦スローガンを聞く。戦争は最後の頑張りだ、特攻精神のことなど。

花森は、報研の仕事、あるいはそのメンバーと、ごく近いところにいたことがわかるし、また、敗戦に向かっている状況のなかで、ぎりぎりまで、国策宣伝に従事していたことがわかる。

「欲しがりません勝つまでは」

「欲しがりません勝つまでは」や「足らぬ足らぬは工夫が足らぬ」の戦争中の標語も、戦後ながく、花森と結びつけられてきた。花森の作だと言われ、そうではないとわかってからも、選んだのは花森だと言われ、花森が作ったも同然だという言い方もあった。花森にそういう標語づくりの才能があった、そういう暮らしの側からの発想があった、ということでもあるのだが、花森は世間に向かって、それを否定も肯定もしなかった。

「欲しがりません勝つまでは」などの標語の成り立ちをあきらかにしたのは、前出の山中恒だった。山中も、花森に関心を持っていたという。

山中は満州事変の昭和六年に生まれ、十五年戦争とともに育った。のちに、自分が受けた戦時下の教育はなんだったのかを、戦中の資料を徹底的に調べて、「少国民シリーズ」を書いた。『ボクラ少国民』『御民ワレ』『撃チテシ止マム』『欲シガリマセン勝ツマデハ』『勝利ノ日マデ』の五冊だ（他に補巻、辺境社発行、勁草書房発売）。

山中は、昭和四十八、九年のある日、友人の出版記念会に出席し、スピーチをして、歌をうたった。

どんな短かい鉛筆も
どんな小さい紙片も
無駄にしないで使ひます
さうです　僕たち私たち
欲しがりません勝つまでは（「欲しがりません勝つまでは」、山上武夫作詩・海沼実作曲）

そのときパーティー会場で、年配の出席者のひとりが、「あの標語は花森安治の作だ」と山中に言った。山中は、おかしいな、と思った。

「あの標語」のころ、山中は神奈川県の平塚市第二国民学校五年生で、「あの標語」のことを、「ぼくとおなじ五年生の女の子が作ったものだというが……」と、作文に書いた記憶があった。山中自身、そのころ、「たゆまぬ貯蓄、ゆるがぬ戦力」という標語を作って、全校でただひとり、地方事務所長の賞状をもらったことがあった。山中は、いまその賞状を見て、「こましゃくれたガキが、いい気になって」とげっそりする、と書いている。

山中は「あの標語」を探して、戦争中の新聞をくった。

昭和十七年十一月十五日の新聞に、「大東亜戦争一周年記念、国民決意の標語募集」の見出しで囲み記事があり、その月の二十七日に、「入選発表」が載っているのを見つけだした。「応募実に三十二万余」と記事に書いてあった。主催は、大政翼賛会、読売新聞社、東京日日新聞社、朝日新聞社、後援情報局、とあった(朝日新聞による)。入選作として、つぎの十点が載っていた。

さあ二年目も勝ち抜くぞ

たった今！　笑って散った友もある
ここも戦場だ
頑張れ！　敵も必死だ
すべてを戦争へ
その手ゆるめば戦力にぶる
今日も決戦明日も決戦
理屈言ふ間に一仕事
「足らぬ足らぬ」は工夫が足らぬ
欲しがりません勝つまでは

それぞれの標語に、作者の居住地と名前が書いてあった。最後の「欲しがりません勝つまでは」だけが、子供の作品で、「東京市麻布区笄《こうがい》国民学校五年二組　三宅阿幾子」とあった。山中の記憶どおり、「五年生の女の子」だった。

山中は、人を通じて三宅阿幾子を探しだし、そのインタビュー記事を、教育雑誌「のびのび」（朝日新聞社、昭和五十二年四月号）に載せた。標語は、自分が作ったのではなく、父が作って娘の名前で応募したものであることを、三宅は語った。

この標語を、もし花森が選んでいるなら、三宅が大政翼賛会に呼ばれて表彰されたとき、花森が目立つところにいたはずだ、と山中は思って質問したが、三宅の記憶にはなかった。花森は、暮しの手帖編集部員に語ったことがある。当時、三十になるかならぬかの若僧のぼくに、そんなものを選べるはずがないじゃないか。新聞社のなになに部長なんていう偉いさんが何人も集まって、ぼくは資料を作ったり配ったりしてたんだ。

庶民感覚のなんでも屋

大政翼賛会にいた人たちが、戦後の昭和二十年代後半から、「いわい会」という集まりをつくっている。年に一、二度、最近は二年にいちどくらい、東京・銀座の小料理店「松之助」に集まる。

「いわい会」の名は、初代宣伝部長の久富達夫がつけた。翼賛会が結成された昭和十五年には、「紀元二千六百年」の盛大な式典があり、その日、庶民には昼酒も解禁された。そのあと、「祝ひ終つた、さあ働かう」の合言葉ができた。会の名は、それにちなんでいる。翼賛会の部長以上は、戦後、公職追放になり、会ができたころは、それが解除されて、「さあ働かう」の時期でもあったらしい。

「いわい会」の名簿には、六十年五月現在で、十七人の名前が載っている。幹事役の大島七郎（八二）によると、故人をふくめれば、久富も、つぎの宣伝部長の八並も、メンバーだった。久富は戦後、東京オリンピック組織委、体協理事などをし、八並はＴＢＳの編局長をした。雑誌「平凡」を創刊した、マガジンハウスの創業者・岩堀喜之助も、メンバーにいた。岩堀と戦後をともに歩んだ現マガジンハウス社長の清水達夫（七四）は、いまも会員にいる。ふたりは、大政翼賛会宣伝部で出会った。清水の『二人で一人の物語』（出版ニュース社、昭和六十年）は、この時代から書きおこされている。

「いわい会」の会場になる銀座「松之助」の女主人・牧葉松子も、発足三年後の翼賛会宣伝部に勤めた。女学校を出て、十七歳のときだった。戦後は、文化学院に入りなおし、翼賛会で知りあった岩堀に誘われて、「平凡」の記者をした。

牧葉が、翼賛会宣伝部に入ったとき、花森は芸能班長だったという。牧葉が入った日に、花森が、一年間通用の映画館のパスをくれた。芸能班の仕事は、歌手や俳優のグループを編成して、農村や各地の工場に派遣することだったという。

「いわい会」の人たちが花森を語るとき、共通してあげることがふたつある。ひとつは、花森の服装が他の人ときわだって違っていたこと。もうひとつは、花森が仕事のできる目立つ男であったということだ。

清水は、昭和十九年のすえ、電通から翼賛会に入った。花森と仕事のうえで直接の接触はなかったが、花森の服装はよく覚えている。「もう着なくなった紺ガスリのきもの地で、ワイシャツのようなシャツを作って着ていた」。廃物利用だな、とそのとき思ったので、のちに暮しの手帖が創刊されたとき、あれは花森の廃物利用の発想が柱になっている、とすぐ気がついたという。

最後の宣伝部長だった小楠正雄（八三）は、花森を「廃物利用の大家だった」と言う。「押し入れの中の古いきもの地で、ズボンを作る。毛のもので、脚半を作る。靴の甲にあてるものまで、作っていた」

牧葉によると、男はズボンにゲートル、女はもんぺが日常というなかで、花森は「紺の木綿の、縦じまの、つなぎの服」を着ていた。あるときは、「フードつきの上着」を着ていた。かぶると、防空ずきんになった。冬には、親指だけを分けた「ミトンの手袋」をしていた。「上着もズボンも手袋も、ぜんぶ、おなじきもの地ではなかったか、と思います。とてもすてきでした」。牧葉は、そういう店があるなら、自分も作ってもらいたいと思ったので、それがつよく印象に残っている。

「いわい会」幹事の大島によると、宣伝部の仲間たちは、よく近郊へハイキングに行った。そういうとき、花森だけは、帽子から靴、靴下まで、ちゃんと山歩きのかっこうをしていた。どこかで拾ってきたような縄まで、肩にかけていた。マージャンで花森の家に泊まったとき、翌朝、出がけに、花森は靴下の色が服に合わないと言って、人を待たせて、靴下をはきかえていた。「おしゃれなんです」と大島は言う。

大島はまた、花森の仕事ぶりをこう語る。「なにをやらしても、できる人だった。字が書けるし、絵が描けるし、文章がつくれるし、装丁もする。演説ができるし、歌もうたえる。宝塚の脚本も書いた。なにをやっても水準以上の人なので、びっくりしました」。だが、花森が自分でポスターを描いていた記憶はない、という。

やはり「いわい会」の金野勝雄（七四）は、旧報知新聞の社会部から翼賛会宣伝部に入り、戦後、サンケイ新聞の社会部長をしたが、花森のことを、「当代抜群のなんでも屋」だったと言う。金野は、宣伝部の出版班にいた。毎月八日は、十二月八日の開戦にちなんで「大詔奉戴日」とされ、その日、大政翼賛会の副総裁が、ラジオを通じて全国に演説をした。毎月、その原稿を書くのが出版班の仕事で、金野もいちど書かされたが、あとは自分にその役がくると、花森に回した。花森は気軽に引きうけて、うまく書いた。だから花森は、「いろんな班の仕事に足をつっこんでいたはずだ」と金野は言う。しかし、花森が「あの旗を射て」の標語を作り、ポスターを描いたといわれていることについては、「ぼくは、まったく信じていない」と言う。

岩堀は、雑誌「広告批評」（昭和五十五年八月）のインタビューで、大政翼賛会宣伝部について聞かれ、冒頭に「花森が生きていればなあ」と答えている。そして、自分も清水も仕事らしい仕事をしなかったと言ったあと、「その翼賛会でもね、どういうわけか、花森だけは働くんだ。もうね、一所懸命だ。朝から晩まで、……オレはムダなことだと思って見てたんだがね」

宣伝くさい宣伝は、決して人の心にしみ通らないと言ったあと、岩堀はさいごに、こう語っている。「翼賛会でも、そういうことを知ってるやつがやっていた組だけは、よかったね。新井（静一郎）さんなんかはそうで、情報局の軍人をごまかし、ごまかしね、そういうほうへもっていった。それから、花森ね。要するに、大衆感覚を持った連中がやったものだけが残ってるし、よかったんじゃないかなあ」

このなかで岩堀は、花森の「才」をつぎのように紹介している。「八並さんなんかとルイ・ジューベの話をしてたら、花森がルイ・ジューベのまねをするんだ。寒い日に外から入ってきて、ストーブのとこへ行って、いかにも寒そうな格好をする。『ルイ・ジューベがこうやったろう』って。あいつがやると、ほんとうに寒さを感じるんだよ。性格俳優になれば、世界的に使える男だよ」

岩堀と花森のつきあいは戦後も続き、花森が岩堀の体を心配して、医者を紹介したこともあった。

報研の新井静一郎は、花森の演説を聞いたことがあった。

「演説らしくなく、演説をする。絶叫型でもなんでもない。関西弁をまじえて、身近にいる人に話すように話すから、引きこむ力がある。本人はそう思ってなかったでしょうが、これがほんとうのアジテーターだと思いました」

その演説で花森は二回、憲兵に引っぱられたという話がある。

新井によると、演説にしても、花森が企画するポスターにしても、花森には、「庶民の側からの発想で人に訴える、そういう独特のものがあった」。だから、「あの旗を射て、というのではなく、足らぬ足らぬは工夫が足らぬ、というような標語が、いちばん花森さんの持っているものに近い」。新井はそう言う。「足らぬ足らぬ」や「欲しがりません」の標語が、ながく花森に結びつけられてきた理由のひとつは、ここにあるかもしれない。

翼賛会は、時局解説の小冊子を数多く出版したが、その装丁をしたのも花森だった。どれも、横書きの表題の下に、赤や青の、色ちがいの四角形が描かれているだけの、単純明快なデザインだった。これらの実物は、山中恒が集めた戦中の資料のなかにある。

花森は頼まれて、帝国大学新聞や日本読書新聞のカットも翼賛会で描いていた。取りにきた人を待たせておいて、目のまえで、四、五枚のカットを一気に描いた。取りに行ったひとりは、そのころ日本読書新聞にいた大橋鎭子だった。

宝塚歌劇

花森が脚本を書いたといわれる宝塚歌劇の出しものは、昭和十七年十一月の雪組公演の「明るい町　強い町」で、翌十八年一月一日から、東京宝塚劇場でも上演された。「いわい会」の大島七郎は、「花ちゃんが見にこないかというので、宣伝部の連中と見に行った。内容は覚えていないが、ピーターパンみたいで、あの時分としては、楽しいものだったと思う」と言う。

宝塚歌劇団資料室にある『宝塚歌劇』（昭和十七年十一月）に、それが載っている。

「明るい町　強い町」

大政翼賛会宣伝部　作
康本晋史　脚色演出
酒井協　作曲

出てくる人物

白いこびとさん。青いこびとさん。赤いこびとさん。大ぜいのこびとさん。よろずやのおじさん。よそのおばさん。おしゃれなお嬢さん。お母さん。子供の好きな町長さん。怠け者たち。町のひとたち。

一、町の小さい広場で

空には円いお月さまが上っている。……広場では……大ぜいのこびとさんが……、可愛いい歌をうたいながら踊っている。

大ぜいのこびとさんの歌——
僕らは元気なこびとです
僕らは働く　みんなのために
僕らは歌う　みんなのために……

こうして開幕する全十景の児童劇で、「こびとさん」たちが、「町長さん」や「怠け者」や、むだ遣いの「お嬢さん」を相手に、知恵を働かせて、明るく楽しい町をつくるお話だ。戦時色を探せば、こんなセリフがある。

「この町はいまとっても大きい戦争をやってるだろ」「その……戦争って、すぐおしまいになるの？」「ううん、五年も十年も、百年も続くんだって」「そんなに長い戦争だったら、もっと明るく、もっと元気を出さなくちゃ」、そして、「怒ってるひとを、にこにこ笑わせて上げよう」「悲しんでいる人を、親切に慰めて上げよう」と続く。

怠け者たちに、「一生けんめい働かなければ、戦争に勝てませんよ」ところびとさんが言い、「負けちゃ困るよ」と怠け者が言って、みんなが「働こう、働こう、働こう」となる。

劇中、戦後の花森にまで一貫しているセリフがある。「女でも男でも、ほんとに美しく見えるのは、一生けんめい働いているときだ」というのが、それだ。戦後すぐ、『働く人のスタイルブック』を出したのも、この線上のことだろう。

この脚本が載っている『宝塚歌劇』の巻頭に、「大政翼賛会宣伝部」の名で、「一粒のありがたさ」という題の文章が載っている。

「こんどの戦争になってから、私たちは物のありがたさをずいぶん教えられたと思います」と書きだし、「お米を作るひとの苦労について、これまで私たちは、どれだけの深い気持で、それを考えたでしょうか……」

「ありがたいと思う心は、粗末にしない心です。その心がとりもなおさず、国のために戦い抜く心でなければなりません」

「お米の研ぎ水を捨てるときには小さな笊を受けて、お米がこぼれないようにするとか、煮物の順序をよく考えて、炭を上手に……使うとか、電灯をコマメに消す……とか……」

花森の署名はないが、庶民の暮らしの側からの発想で訴える、という花森独特のものを見る思いがする。

宝塚の脚本について、のちに、宝塚ファンの暮しの手帖編集部員が、関西旅行のさい花森に質問したとき、花森は「うん、書いた」とだけ答えた。神戸に生まれ神戸に育った花森は、子どものとき、父に連れられて毎月、妹といっしょに宝塚へ行っていた。花森は宝塚ファンで、「スミレの花咲くころ……」と歌っていた。

「明るい町　強い町」のあと、もうひとつ、「戦いはここにも」の脚本を書いている。

もうひとつの見方

花森がふかく関係していた大政翼賛会のポスターについて、違う立場からの見方がある。

当時、内閣情報局の技術室要員として、情報局や中央官庁のポスターを描いていた高橋春人（七三）の見方が、そうだ。高橋は現在、広報アートディレクターで、戦後、赤い羽根共同募金やお年玉つき年賀はがきなど、社会福祉関係のポスターを描いてきた。

高橋は、戦局の悪化がはっきりしてきた昭和十九年から、日本宣伝協会技術会に属すると同時に、内閣情報局の技術室要員に動員された。情報局が、この時期になぜ、自分たちを直接動員したのかを、高橋は戦後、資料をたどりながらふりかえった。「私の話すことは、私の推測であって、なんの根拠もない」と念を押しながら、つぎのような話をした。

十九年当時、内閣情報局のなかに、大政翼賛会のポスターはなまぬるい、という空気があった。翼賛会のポスターは「コピーふくみ」で、文字が多く、言葉を使って説得調でいく。だから、もってまわった表現で、まどろっこしい。戦局は逼迫しており、遠まわしの表現では、もう間にあわない、というものだった。

たとえば、翼賛会のポスターに、「明るく戦はう《(ママ)》」というのがあった。だが、戦場には、明るいも暗いもない。それは、戦場を知らない者の言うことだ。だから、宣伝を翼賛会だけに任せておけない。情報局には、そういう雰囲気があった。報研の人たちが作った翼賛会のポスターには、インテリの良さも弱さもあった。自分たちには、もっと直接的、視覚的な決戦ポスターが要求され、「ますらお性」が求められた。高橋は、そう言う。

高橋らの技術室要員は、昭和二十年、本土決戦の態勢がすすむとともに、「丹心報国隊」を名乗り、帝都防衛の航空隊に従軍して、空からB29の空襲を取材して描け、の命令を受けた。飛行機がなくなって実現しなかったが、高橋らは、階級章なしの軍装をし、仲間には腰に短刀を差している者もいた。決死の「ますらお」だった。

敗戦に向かう戦局を背景に、花森、新井らの翼賛会のポスターについて、このような見方があった、ということだ。

大政翼賛会は、敗戦の直前、二十年六月に解散した。やはり報研のメンバーだった大久保和雄が、花森に「解散後の方針はきまりましたか」と聞いたら、花森は「疎開のピアノみたいなもので、どこへも持って行きどころがなくて」と笑っていたという。その花森に、大久保は宣伝技術者として生きることを求めて、「翼賛会宣伝部の解散に際して花森安治氏に与ふ」の一文を、雑誌「宣伝」（昭和二十年六月、日本電報通信社＝電通）に書いた。


花森さん。ながらく翼賛会の外廓にあって、仕事をさせて貰っていた小生の立場として、この際、卒直に小生の感想を述べさせて貰いますなら――。

翼賛会には、器用に仕事を「流す」人は多かったが、それを「生む」人、「創る」人は少かったように思いますね。たとえそれが、「上」からの天下りの仕事であっても、自分の仕事として廻されてきたら、一度これをそこで堰き止めて、創意を加えて練りあげる熱意があればまだよいのですが、その努力すら惜しんでいた人が多かったように思いますね。……

確か、大東亜戦争一周年記念……と記憶しています。「十二月八日」という文字の宣伝書体を定めるのに、数十種の書体見本を作って、兄を中心に、朝から夕刻まで、殆ど一日がかりで吟味して、これを決定したことがありました。普通の宣伝行政家や宣伝事務屋なら、三分間も費さずにまとめてしまうことを、兄は、半ば愉しみながらも真剣にこれに打込んで、決して、ないがしろにしませんでした。小生が兄を高く評価しているのもこの点なのです。

大政翼賛会の花森が、それは戦意高揚の国策宣伝だったが、自分の仕事に真剣に打ちこんでいたことがわかる。

戦後への屈折

花森は、戦争中の仕事について、戦後、社会にたいしてなにも語らなかった。翼賛会宣伝部の人びとの集まりである「いわい会」にも、出てきたことはなかった。新井静一郎らが、『戦争と宣伝技術者――報道技術研究会の記録』に原稿を依頼したときも、花森は書かなかった。彼はみごとに過去を断ち切った、と言う人もいる。

大政翼賛会宣伝部にいて、戦後、RKB毎日放送の常務取締役をした浜田文哉（七〇）は、花森が当時、翼賛会の他の人と違って、戦場帰りの傷痍軍人であったことをあげ、「はじめのころ、その興奮が花森さんにあったことは、事実だと思う」と言う。花森は、戦場から帰ってきた男だった。

花森が自宅に残した「従軍手帖」がある。昭和十三年と十四年のカレンダーがついており、病院船の中で書いたと思われる、詩、短歌、俳句、入院患者心得のメモなどが、書いたり消したりしてある。戦闘の模様もある。凍る松花江、銃声、右を射つ、左を射つ、倒れる敵、あばれる馬、爆破。それらを読みこんだ短歌がある。

いたつき（病気＝筆者注）は兵の恥にあらじとも　書きてありけり　われなぐさまず
ホーム歩く警護兵に戦友《とも》ありぬ　すぐ帰る　それだけ言ひぬ　彼　手挙ぐ

前線から、ひとり内地に帰るうしろめたさがあった、と思われる。
翼賛会で、花森は一生けんめい仕事をした。仕事のできる男だった。だが、敗戦で世の中は一変した。民主化のあらしの中で、戦争に協力した者は、認められなかった。
浜田は言う。「あのとき、なんともいえないぎくしゃくした心情が、彼のなかにもあったと思う。それは、あの時代を生きた者に共通のものではないか、と私は思う」。花森が、敗戦直後、女のように髪をのばし、スカートをはいていたというのも、花森の屈折した内面の表れだったのではないか、と浜田は見ている。

近衛側近として大政翼賛会の初代事務総長をした華族の進歩派・有馬頼寧は、右勢力からの攻撃をうけて五ヵ月で辞任したが、戦後は、戦犯として逮捕、釈放され、自活のために、焼け残った庭で花つくりをしていた。毎週、銀座に売りにくるその花を、銀座に編集部をかまえた暮しの手帖は、いつも買っていた。有馬は、「身を捨ててこそ浮ぶ瀬もあれというう、花売爺、花咲爺の日々」と、暮しの手帖九号に書いている。

「手帖」創刊の前後

女の役に立つ出版

戦後の花森安治の仕事は、昭和二十年の秋、大橋鎮子から、「女の人の役にたつ出版をしたい」と相談されたときに始まる。花森は三十四歳、大橋は二十五歳だった。

大橋は、戦争中から、日本読書新聞に勤めていた。大政翼賛会宣伝部にいた花森に、読書新聞に使うカットを頼みに行ったことがあった。読書新聞は、お茶の水の文化アパート（のちの学生会館）にあり、戦後すぐ仕事を再開した。

いわば職を失った形の花森は、嘱託のような身分で、読書新聞にカットを描きにきていたらしい。

読書新聞の編集長は、田所太郎だった。田所と花森は、旧制松江高校の同級生で、おなじ文芸部にいた。ふたりは、続いて帝国大学新聞の編集部でもいっしょになり、田所は、花森の編集者としての力をよく知っていた。大橋が出版の計画を田所に相談したとき、そういうことなら花森が知恵を持っているからと、推薦したのだった。

大橋が出版を始めようとした動機は、大橋の言葉によると、「お金持ちになりたかった」

ということだ。はやく父を失った家庭の長女として、母をしあわせにし、妹ふたりを結婚させるために、お金持ちになりたかった。第一次大戦のとき、戦後すぐ事業を始めた人が大金持ちになったという話を、なぜか大橋は信じていて、自分も、戦争が終わったらすぐ仕事を始めたいと思っていた。

父は、大橋が小学校五年生のとき、結核で亡くなった。北大農学部を出て製麻会社に勤め、東京の女子美を出た母と、当時の「婦人画報」に結婚の写真が載ったくらい、しあわせな出発をしたのだが、結核がいっさいを変えた。

一家の中心が、ながい病気にとりつかれたときの、家庭の絶望的な暗さと貧乏を、大橋は小学生時代から味わった。そのごの女学校時代も、上野の美術展を見に行った帰り、仲間たちが食堂に入るのを、大橋は電車賃しかなくて、外で待っているような経験もした。のちの話になるが、大橋のそのときからの病気への恐れは、暮しの手帖の医学記事として形になり、その連載をまとめた『からだの読本』二巻（千七百ページ）は、毎日出版文化賞を受けた。

父は大橋に、「鎮子はいちばん上なんだから」と、母や妹を助けるように言い、その日に急に死んだ。大橋は「はい」と答えただけだったが、父に言われたことを守らなければならないと思ってきた。とりわけ、指輪やきものを売って自分たち三人を女学校にまで行かせてくれた母を、しあわせにしたいと思っていた。そのために、お金がほしい。それには、男に使われていてはだめだ、月給も昇進も男が決め、いい仕事は男がみんな取っちゃうから、と思った。大橋は、花森にそういう話をした。

花森は、大橋の話を聞いて、君は親孝行だねぇー、と言った。

花森の母は、花森が松江高校に入った年に死んだ。ぼくにはもう、おふくろがいないから、君のお母さんへの親孝行を手伝ってあげよう、と花森は言った。

大橋の家には、母が女子美時代から使っているシンガーミシンがあった。戦争末期、空襲警報が鳴るたびに、そのミシンを布でくるみ、姉妹三人で、庭の防空壕に運んで入れた。警報が解除になると、また運び出して布をとき、部屋に置いた。「これさえあれば、食べていけるね」と姉妹は言って、だいじにしていた。

大橋は、昭和十二年、東京府立第六高女（いまの都立三田高校）を出て、それから三年間、日本興業銀行に勤め、調査課で「調査月報」の編集をした。ここで、活字の大きさとか、ゴシックとか、校正とか、編集の初歩を知った。夜は、本郷三丁目の戸袋洋裁学校に通って、ひと通りなんでも縫えた。だから、洋裁店をやることも、いちどは考えた。

興銀をやめたあと、大橋は日本女子大を受けて合格したが、病気になってほとんど行かなかった。大橋が「女の人の役にたつ出版」を選んだ理由は、こうだ。自分は女学校しか出ていないし、そのあとすぐ戦争になって、ひろくものを知る機会がなかった。家庭のことも、世の中のことも、なにも知らない。だから、私が知りたいと思うことを、私があちこち聞いて歩いて、字にすれば、自分とおなじ年の人と、それより五つ下、五つ上くらいまでの人に、役に立つのではないか。そういう考えだった。

花森は、大橋に、こういう意味のことを言った。こんどの戦争に、だれもかもが、なだれをうって突っこんでしまったのは、ひとりひとりが、自分の暮らしを大切にしていなかったからだと思う。人は暮らしの中身がまずしいと、投げやりになり、いっちょやれ！　と、おおきいことをやりたくなる。そうやって、戦争になだれ込んでしまった。もしみんなに、あったかい家庭があれば、戦争にならなかったと思う。そういう家庭をつくるためには、女の人がだいじだ。

花森はそういうことを言って、大橋の出版計画に賛成した。

花森は大橋に、べつのことを聞いた。君は、結婚をどう考えているのか、と。大橋は、「仕事を続けたいので、結婚はしません」と言った。花森は、約束するか、と念を押し、大橋は「はい」と答えた。

大橋は、新しい仕事のことに夢中で、結婚のことは考えていなかった。母は自分の経験から、「結婚で不幸になることがある。しないほうがいい」とも言っていた。大橋は、父に言われて、母や妹たちのことに責任を感じていたし、女学校の級友たちには、戦争未亡人になった人たちがいた。

そういう世代だった。じじつ、大橋は仕事を始めたとき、女学校同級生の中野家子に連絡をとるのだが、中野の夫は、結婚六カ月で戦争に行き、帰らなかった。中野は現在まで、暮しの手帖で仕事をしている。大橋、中野たちは、戦後の働く女の第一世代だった。

ベストセラー「スタイルブック」

大橋鎭子、晴子、芳子の三人姉妹と、花森安治。もうひとり、知人の横山啓一（のち、晴子と結婚）が営業を受け持つために入り、五人で「衣裳研究所」を設立して、まず、スタイルブックを出すことになった。

ファッションの仕事をやるなら事務所は銀座だ、と花森が言いだした。晴子は、銀座の焼け残りのビルを、四丁目からひとつひとつ歩いて、新橋寄りの八丁目に貸してくれるところを探しあてた。のちに、ダンスホール「ショーボート」が、すぐそばにできた。

事務机はなんとかなったが、製図や裁断をするおおきな仕事机がなかった。花森は、大政翼賛会時代に、ポスター制作などでともに仕事をした報道技術研究会に行き、そこの仕事机を譲りうけた。分厚い板一枚に足のついただけの、そのおおきな机は、そのまま戦後の花森の仕事にひきつがれ、机はなんどか塗りかえられたが、花森は死ぬまで、この机を使っていた。

「スタイルブック」の第一号は、昭和二十一年五月三十一日の発行になっている。

当時、裏表二ページの新聞の第一面の下に、ちいさい広告を出した。

たとえ一枚の新しい生地がなくても、もっとあなたは美しくなれる／スタイルブッ

ク　定価十二円送料五〇銭／少ししか作れません　前金予約で確保下さい／東京銀座西八ノ五日吉ビル　衣裳研究所

それが載った日の東京朝日新聞は、一面トップで、「吉田内閣陣容成る」を伝え、裏の社会面には、「食に追はれる人民生活」「小麦粉で五日分を米軍（が）京浜に放出、米差引であすから」などの記事が出ている。食うや食わずの時代だった。「焼ミシン修理承ります」とデパートは広告を出していた。

スタイルブック第一号の広告が新聞に出てから、予約申し込みの郵便為替が、京橋郵便局の赤い袋で、連日ドサッと届いた。みんな、びっくりした。知人、友人を動員し、毎日、封筒の束をひざにはさんで、裁ち切りばさみでゴリゴリ封を切った。親指のつけ根が、はさみで赤くはれあがったほどだった。大当たりだった。

全十八ページのスタイルブックは、デザインもスタイル画も、アクセサリーの絵も、服の型紙も、表紙も裏も、そして文章も、ぜんぶ花森がひとりでかいた。

さまざまの技巧と偽りの飾りから、明るい太陽と、野をわたる微風の下へ、私たちの体を解放しよう。古代の希臘人のようなゆるやかな、素直な美しい線。きよらかで、自然な服装。ここにこそ、かがやかしい青春がある。あなたのほんとうの美しさがある。

花森の、美しいものへの解放宣言であり、同時に、進駐軍とともに押し寄せてきたケバケバしい流行に対する、抵抗でもあった。

トップに紹介されているデザイン四種は、いずれも「キモノ袖」で、「浴衣の袖を外し、それに紐をしめた感じ」「生地は、もめんでも、銘仙でも、麻でも」と説明がついている。

あなたの簞笥の中や、疎開してあった行李の中などに、きっと眠っている何枚かのきもの、それをほどけば、もう立派な服地を、あなたはもっているのです。これは洋服地、あれはきもの地と区別して考えることは、もともとおかしいことでした。

きもの地で洋服を作る。焼け残ったきもの地くらいしかない時代だった。花森はここで「直線裁ち」を打ちだした。直線裁ちは、洋裁を知らない人にも、作りやすい。着やすい。しかも、いわば廃物利用で、時代にも合っていた。花森の合理主義だろう。

服装史のうえで、敗戦は同時に、女の日常着がきものから洋服へ転換したときであり、「服装革命の時代」とのちに言われる。そういう時期にあたっていた。

色刷りのこのスタイルブックには、また、水着や海浜着やサンダルも描かれていて、「風は自由の歌を歌つてゐる」とか「素足のよろこび」とか、平和を謳歌している。兵隊服とヤミ市の、敗戦の風景とは、別世界だ。

横山啓一によると、戦争中、大政翼賛会が号令をかけて、女の晴れ着をもんぺにしてしまったことに、花森は、申しわけないという気持ちを抱いていた。そして、これからはアメリカ人も来るから、日本の女の人にきれいになってもらおう、と言ったという。

大政翼賛会から一転して、なぜスタイルブックだったのか。

花森は、東大文学部美学美術史学科の出身で、卒業論文に「衣粧の美学的考察」を書いた。後年、暮しの手帖編集部員に語ったところによると、大西克礼教授に、文献がないから無理だと言われたそうだが、花森は、ぼくの卒論の自慢は、文献の引用がひとつもないことだ、と言っていた。「衣裳」と「化粧」で体ぜんたいを飾るという意味で、「衣粧」の文字を使ったという。

花森のこの卒業論文は、残っていない。東大文学部では学生の卒業論文を保存しており、花森も自分のが保存されているはずだと語っていたが、同研究室の話によると、当時の事務上の不備のためか、だれかが借りだしたままなのか、花森の卒論は、探したが見当たらないという。文学部事務室に保管されている成績表に、花森の卒業論文の題名が前記のとおり記録されている。

花森が語ったところでは、この卒業論文は、性と衣粧、階級と衣粧などに分けて、それまでの哲学的美学ではなく、社会学的な視点から衣粧をとらえた。戦後、スタイルブックの仕事を始めるとき、花森は、この卒論のテーマを、自分個人の一生の仕事として完成させたいと思っていた、と編集部員に説明している。

服装の知識はあったろうが、洋裁の実技は、花森も知らなかった。大橋によると、当時有名な主婦之友社の『洋裁全書』一冊を、花森は「猛勉した」。戦前の服飾雑誌やアメリカのファッション雑誌、映画雑誌も買ってきて、勉強した。

スタイルブック第一号は大当たりして、女の子が銀座でひと山当てたとうわさになった。ぞくぞく町に類書が現れ、四季ごとの「花森版」は売れなくなった。並行して、『あなたのイニシャル』『花の図案集』『自分で作れるアクセサリー』『家中みんなの下着』と、「デザイン・花森安治」でつぎつぎに出した。『家中みんなの下着』が売れて、ひと息ついたが、直線裁ちのスタイルブックは、はなやかな他のスタイル雑誌のなかで、意気あがらなかったらしい。

二十二年十月、『働く人のスタイルブック』を出した。このときの新聞広告に、そのごの花森のスローガンになる「働く人こそ美しくなる権利がある」のキャッチフレーズが、さっそうと登場した。ところが、これがちっとも売れなかった。花森は、がっかりした。のちに、あれは時代が早すぎたんだ、あとになって売れ出した、と悔しそうに雑誌で語っている。これで、四季ごとに出してきたスタイルブックをやめた。

だが、花森安治と衣裳研究所の名は、世に聞こえてきた。花森を講師とする「服飾デザイン講習会」が、都内や地方都市で開かれた。大橋や妹の芳子が、そこでモデルをやった。主催する地元紙の社告には、たとえば、つぎのように書かれている。

「講師　花森安治氏　東大美学科出身、我国唯一の衣裳美学者、独創的デザイナーとして働く人のスタイルブックの著者」。講座の内容は、「第一日▲衣裳の美しさと人間の美しさ▲個性の生かし方と魅力の作り方▲体のクセを生かすデザインについて▲生地の配色について　第二日▲流行とその取入れ方……」。講座は、三日間にわたり、「生地を持参するとその場でデザインしてくれます」とある（下野新聞、昭和二十四年三月）。

その場で花森がデザインした直線裁ちの服を、大橋はひと晩で縫って、会場で相手に着せて大好評だった。売れ残っていたスタイルブックを会場に持ち込んで、大橋はどんどん売った。

「美しい暮しの手帖」へ

昭和二十三年に、「スタイルブック」から「美しい暮しの手帖」に転換するが、大橋によると、さいしょから「衣食住の雑誌」を考えていた、ただ、食も住も材料がなかったし、花森にも大橋にも、衣がいちばんやりやすかったという。

一方、東京では、文化服装学院、目黒のドレメが再開し、「装苑」が二十二年に復刊、「ドレスメーキング」が二十四年に創刊されるなど、戦後ファッション史が動き出していた。この機を見て、花森と大橋は、いわば既定方針どおり、食と住を加えた暮らしの総合雑誌に転換した。

「美しい暮しの手帖」第一号は、昭和二十三年九月二十日付で世に出た。そのときの編集スタッフは、花森のほか、大橋鎭子、晴子、芳子の姉妹と、中野家子、清水洋子の五人。第二号から、小川常緑子《みどりこ》が入った。清水は、大橋の知人の娘。小川は、花森が都内で開いた「デザイン教室」に行き、麻の夏掛けの側でスカートを作って、花森にほめられたのが縁だった。

暮しの手帖の上に「美しい」の文字をつけたのは、準備段階で取次会社から、「暮し」という言葉は「暗い」、表紙も「女の顔」でなければ売れない、と言われたためだった。

だが、花森は、台所のにおいのする「暮し」という言葉が、文化的なにおいのする「生活」よりも好きだった。「暮し」のうえにつけた「美しい」の文字は、五年間続き、うんとちいさくなって、二十八年十二月の二十二号から、とつぜん消えた。

営業の横山啓一によると、花森は、表紙を描くとき「美しい」を書き忘れた、と言った。そして、つぎの号で「美しい」を復活すると、書き忘れたことがわかってしまうから、このまま、なしでいこう、と言ったという。花森のことだから、はじめから、なくすつもりだったのかもしれないが、表紙をめくると、目次は「美しい暮しの手帖」のままになっている。

美しい暮しの手帖第一号の目次を開くと、二本の罫線に囲まれて、題と執筆者の名が点々で結ばれ、著名人も、名を知られぬ人も、編集者も、すべておなじ大きさの活字で割り付けられている。余白と縦の線による紙面構成は、花森が松江高校で校友会雑誌を編集したときからの、得意のものだ。最後の著書『一戔五厘の旗』にいたるまで、基本はほとんど変わらない。

写真ページはぜんぶ、自分で作るものを載せている。「可愛いい小もの入れ」「型紙なしで作れる直線裁ちのデザイン」「ブラジアのパッドの作り方」「自分で結える髪」の四つだ。作ることは、戦争で破壊された暮らしに必要な、なにもなかった時代の要求でもあったが、花森にとっては、それだけではなかったろう。色ページの「自分で作れるアクセサリ」に、花森は書いている。

美しいものは、いつの世でもお金やヒマとは関係がない　みがかれた感覚と、まいにちの暮しへの、しっかりした眼と、そして絶えず努力する手だけが、一番うつくしいものを、いつも作り上げる。

これはたぶん、花森の、この雑誌にこめる編集方針であったろう。「暮しへの眼」と「努力する手」は、花森が、編集者として生涯だいじにしたものだった。死の数日まえに校了した花森のさいごの原稿は、鉛筆削り器を取りあげて書いた、「人間の手について」だった。子どもたちが、「ナイフで鉛筆をきれいに削ること」や、「はしをちゃんと持つこと」や、「ひもをきちんと結べること」も、「人間の手のおおきな勉強」であり、「そういうことも、なにが美しいのか、なにがみにくいのか、という美意識をつちかってゆくものなのだ」と、一生けんめい書いている。花森は、「手」の編集者なのだった。

本文の巻頭には、「色彩」と題した佐多稲子の文章を載せている。そのなかに、友人である壺井栄の家の手洗いのことが出てくる。当時、水道が出たり出なかったりしたので、洗面器の手洗い鉢が置いてあった。

まっ白な瀬戸引きの鉢がいつもまっ白に洗ってあって、ほこりひとつ落ちていない。そして水はいつでもまんまんと張ってある。が、それだけではない。いつでも、何かの花が一枝、そのまっ白な鉢の、まんまんとたたえられた水の上に、浮いている。蔓ばらのあるときは、赤えんじの花が一輪、青い葉を二三枚つけた長さに折られて浮いている。ときに、その花びらが一二枚こぼれているのも風情がある。八重の桜のこともある。石竹の花であることもある。

ここには、きょう銭湯で見たせっけんの色や、その帰りに行きあった少女の、げたの鼻緒の色など、暮らしのなかの日常の美と、それを見る作家のたしかな目が、書かれている。巻頭にふさわしい、「美しいものへのみがかれた感覚」だ。

写真ページのトップにある「可愛いい小もの入れ」は、作者が「草加すや子《ママ》」となっている。本文には、「場所をふさげないので、狭い部屋には、とても重宝しています。……生地は、妹の持っていた野暮ったいガラ紡で作りました。吊す竹は古いハタキの柄です」とあり、末尾に（主婦）と書かれている。

大橋によると、これが、花森の変名なのだという。スタッフがなるべくおおぜいいるように見せかけようと、「花」を「草」に変え、「やすじ」と「やす子」のふたりにした。目次のスタッフ名にも、「表紙　花森安治」「装画　花森安治　草加やす子」と、ちゃんと書いてある。花森は、いたずら好き、おさわがせが好きだったが、なんでもひとりでやったから、ふたりにしないと、目次に花森の名が出すぎたのかもしれない。それでも創刊号には、「花森安治」が六つも出ている。

「一流の偉い先生」が執筆者

原稿のテーマは「衣食住」で、頼みに行くのは、大橋を中心とする女性たちだった。電話がいまのように普及していない時代だったが、電話のある人にも、花森は、電話をかけないで行け、いなかったら、なんどでも行け、むだ足を踏め、と言った。髪と、ツメと、靴を、きれいにして行きなさい、女中さんが出てくるかもしれないが、だれが出てきても奥さまだと思って、ていねいにあいさつをしなさいと、こまかく注意した。

大橋の妹の芳子によると、花森が執筆者としてあげる人は、「一流の偉い先生」ばかりだった。大学新聞時代の人脈がものをいったと思われる。

第一回文化勲章の物理学者・長岡半太郎に依頼に行ったとき、世の中のことをよく知らないと執筆を断られたが、しろうとが一生けんめいやっているので、ぜひ、と頼んだ。長岡は、いまは忙しいから、それなら来年きなさい、と言った。芳子は、一年後のおなじ日に行った。長岡は、こんどは引き受けた。以来、長岡は暮しの手帖に好意を持ち、依頼されないうちに、つぎの原稿を送ってきた。

大橋は、むずかしそうな人には、あらかじめ手紙を書き、それが着いたころに出かけて行った。大蔵大臣や枢密顧問官をした財界の大物・池田成彬に手紙を書いたら、折りかえしすぐ、断りのはがきがきてしまった。大雪の日だったが、大橋はあわててとび出し、雪まみれで玄関に立って、はがきが行ったはずだと池田が言うのを、いいえ、まだ、いただいておりません、お願いにまいりました、と頼みこんだ。原稿なんて書いたことがないと言った池田が、息子（池田潔）に書き方を教えてもらって書いたよ、と言って後日、原稿を渡してくれた。

天皇陛下の第一皇女、当時の東久邇成子に、紹介者もなく手紙を書いて、原稿を頼みに行った。学習院時代に作文をお書きになったでしょう、と大橋はすすめて、なんとか承知してもらったが、約束の日に行っても、つぎに行っても、「まだ書けません」のくりかえしだった。そのたびに花森は、この原稿が取れなければ、暮しの手帖はこの号でつぶれる、その代わり、これが取れれば、暮しの手帖は永久に安泰だ、どうしても取れ、と大橋をおどかした。

焼け残った玄関と応接間の二間を改造した東久邇家に、大橋はなんども通った。子どもたちと仲よくなり、オウマになって部屋のなかをぐるぐる回り、ようやく原稿を手に入れた。花森はそれを、きれいごとすぎるから書きなおしてもらえ、と言った。大橋は、また行った。

〈特別寄稿「やりくりの記」東久邇成子／天皇陛下第一皇女照宮さま／美しい暮しの手帖

第五号〉

花森ははじめて、大々的に車内づりの広告を出した。この特ダネは、マスコミ界で話題になった。雑誌の名前が世の中に認められるきっかけになった、と大橋は言う。以後、雑誌の売れゆきは、上げ潮に乗った。これが取れれば安泰だ、と言った花森のねらいは当たった。

三度の食事も配給もので、大体まかなうのだけれど、パンや粉ばかりの時があったり、お芋が何日もつづいたり、時には玉蜀黍粉《とうもろこし》や高粱《こうりゃん》だつたりすると、どんな風にしたらよいか、中々頭をなやまされる。大人はまだしも、育ちざかりの子供達の為に、栄養がかたよらないように、そして、おいしく頂ける様にいろいろ工夫しなければならない……。

かつての「照宮さま」はそう書いていた。

この雑誌には、むつかしい議論や、もったいぶったエッセイは、のせないつもりです。

それが決して、いけないと言うのではなくて、そうしたものは、それぞれのものが、もう、いく種類も出ているからなのです。……どの雑誌も、同じような記事をのせることは、つまらないことだと考えたからなのです。（第一号、あとがき）

季刊なので、ニュース的なものは扱わず、読者から希望が寄せられたが、小説も載せなかった。することと、しないことを、花森は、はっきりさせていた。

写真ページと色ページは、編集部が中心の実用記事だが、本文は、外部の人に依頼する暮らしのエッセーで構成された。第十号までの執筆者を見ると、いちばんおおいのが学者、研究者で、断然、男がおおい。暮らしに男の衣食住を引きこんで、婦人雑誌の定形を破ろうとしている。婦人雑誌のテーマに、いわば総合雑誌の執筆者を組み合わせているようだ。その意味では、「生活的」というより、「文化的」な色あいがつよい。暮らしを扱いながらヌカミソくさくないのは、このへんにも理由があるかもしれない。

経済学者の小泉信三は、炉辺の安楽いすで探偵小説を読むたのしみを書き、法学者の穂積重遠は、「おくらは今かまからむ子泣くらむ」の山上憶良をあげて、新民法下での「夫婦親子両本位」の家庭を説いている。

国文学の池田亀鑑は、「どんな家にも、台所に行くみちと、便所に行くみちと、門に通じるみちがあるとは帰去来の辞にみえている有名なことばだが」と、応接間より便所のだいじさを書き、憲法の宮沢俊義も、文明は便所なりと、トイレット改革を提唱している。

フランス文学の渡辺一夫は、自分には、大工、左官、ペンキ屋、瓦屋などにたいへん向いた才能があるので、「天職をあやまったような気がしてならぬ」と、日なたぼっこをしながら、いすの張りかえをするたのしさを書いて、暮しの手帖に、工作だけでなく土木工事の記事も載せてくれと注文している。

著名人の実用随筆では、平塚らいてうの「ゴマじるこの作り方」や、作家・坂口安吾の「わが工夫せるオジヤ」などがある。

ゴマじるこは、「まず、黒ゴマをゴマ塩やゴマあえを作る時のように、こがさないよう注意して炒ります。といって弱火でグズグズ炒ったのでは、香りが立ちませんから、強火で、パチパチはねさせて手ばしっこく炒り上げます。それを乾いた摺鉢で十分にすります。すっていますと、だんだんゴマから油が出てきて、とても堅く、すりこぎが廻りにくくなり、汗が出てくるほど骨が折れますが、そこをがまんして、丹念にすって、すって、すりつづけます」、苦手な自分に代わって、つれあいの「奥村」が熱意をこめてすってくれる、と書いている。

二カ月まえに血を吐いたという坂口安吾のオジヤは、「鶏骨、鶏肉、ジャガイモ、人参、キャベツ、豆類などを入れて、野菜の原形がとけてなくなる程度のスープストックを使用する。三日以上煮る。三日以下では、オジヤがまずい。私の好み乃至は迷信によって、野菜の量を多くし、スープが濁っても構わないから、どんどん煮立てて野菜をとかしてしまうのである」

これに、ご飯と、きざんだ少量のキャベツとベーコンを入れ、塩とコショウで味つけし、三十分以上煮て、卵をかきまぜて入れる。一カ月半、毎日、おなじオジヤを朝晩食べてあきない、と書いている。

ふだんあまり書いていない人に書いてもらう、ふだん書いているものと違うものを書いてもらう。花森はそう言っていた。学者や研究者に「暮し」を書いてもらうことで、花森は、そのねらいを実現させた。

原稿をだれに書いてもらうかの人選は、ほとんどぜんぶ、花森がしたが、大橋によると、第一号に川端康成を考えたのは、大橋だった。

日本読書新聞にいたとき、苦心して川端の原稿をもらったことがあった。こんどは、名も知れぬ新しい雑誌なので、まず川端に原稿の約束をとりつけ、「川端先生も書いてくださることになりました」と言って、他の人のところを回った。世はカストリ雑誌の全盛で、新雑誌はその同類と思われ、相手にされないことがあったからだ。

広告収入のない雑誌

第一号の「あとがき」に、「この本は、……きっとそんなに売れないだろうと思います」と書いている。「私たちは貧乏ですから、売れないと困りますけれど、……何十万も売れるためには、私たちの、したくないこと、いやなことをしなければならないのです」「おねがいします、どうか一冊でも、よけいに、お友だちにも、すすめて下さいませ」

暮しの手帖は、広告を載せないことで出発したので、そのぶん、雑誌を売らなければならなかった。花森は、広告収入のない編集長だった。

営業担当の横山啓一によると、戦争中、横山は日本宣伝協会で、花森は大政翼賛会で、それぞれ国策宣伝にたずさわった。戦後、雑誌を始めるとき、だから花森は、横山にこう言った。おたがい、パージ（追放）寸前だったんだからな。これからは、出版で金もうけばかり考えるのはよそうや。すくない人数でやれば、広告なしでもやっていけるだろう。

大橋によれば、広告を取る人手もなかった。また、雑誌というより、シリーズ本を作る気持ちだったという。だから花森は、さいしょから、時間をかけてバックナンバーを売ってゆくつもりで、印刷会社に版を取っておくように言い、「この雑誌だけは一号からそろえて下さい」と、自分の雑誌にくりかえし書いた。「暮しの全集」を作る、そういう考え方だった。創刊号は、そのとき一万部刷ったのだが、バックナンバーとしては、やがて十三版、十四版と版を重ね、三十六万部を売った。二号以下も、これに準ずる。「このお金が入ってきたから、広告なしでやってこられたし、商品テストも、さいしょから商品を定価で買って始めることができた」と大橋は言う。

九号（昭和二十五年）の「あとがき」で、はじめて広告についてふれた。

広告を載せれば、いくらかの広告料が入り、経費のおぎないになることは、自分たちにも想像がつく。「それを知りながら、出来ないでいるのは、せめてもの、この清潔な感じを、いつまでも失いたくないと考えているからで、これは、たとえ何百万円の広告費をいただけるとしても、それとひきかえにはしたくない……」

広告をどうのこうのという気持ちはすこしもなく、「ただ、せめてこのような雑誌一冊、隅から隅まで、活字一本まで、私たちの心ゆくまで作りたいとおもうからなので、この我ままも、通せるだけは、通してまいりたいと考えております」

花森は、まえのスタイルブックと同様、この雑誌も、表紙から裏表紙まで、絵もカットも文字も描き、工作をし、取材して文章も書き、割り付けをした。印刷会社や製紙会社に、むずかしい注文もつけた。

たとえば、こう書いている。「本文の紙は、創刊以来、新聞とおなじようなザラ紙でしたが、それを全部白い紙にしたのは、第三十一号からでした。しかし、これは特別に注文して作った紙なので、そのあと、毎号すこしずつ改良し……」（五十号「わたくしたちのちいさな歴史」)。紙や活字にも、いかに努力しているかを、花森は自分からなんども読者に説明した。

花森が雑誌に広告を載せなかったのは、自分がこうして苦心して作った「清潔な」紙面に、他人の作った自己主張のつよいものが、無関係に入りこんでくることを嫌ったためだったろう。それは、花森の言う「いい意味での職人(アルチザン)」の突っぱりであり、自負であったろう。このことが、のちに商品テストを始めるときに、重大な意味をもってくる。

花森が、広告について、はじめて署名入りで長い文章を書いたのは、三十一号(昭和三十年)だった。その前年から、ソックス、マッチ、鉛筆など、日用品のテストが始まっていた。商品紹介の「買物の手帖」は、創刊翌年から載せていた。

つぎのように書いている。

「こないだ、ある商業組合の理事長という方がみえて、いったい、この雑誌に、商品の写真や記事をのせるには、いくらぐらい出せばいいか、ということを聞かれた。……こういうことを聞かれたのは、これが、はじめてである」

この雑誌には、広告がない。「のせたらいいじゃないかとよく言われる。ボクにしたって、広告とか宣伝の仕事で飯を食っていたこともあり、だから、いまだって人一倍それには関心があるし、そんなことより何より、第一この雑誌に広告をのせると、これはある広告代理業のやってくれた計算だが、少なく見積もっても、一号について二百万から三百万の広告料収入があるという。我々のような小さな規模の出版社では、これは全くノドから手の出るような金額である」

それなのに、広告をのせないというのには、ふたつの理由がある。「一つは、編集技術の点からである。グラビア頁など、ああでもない、こうでもないと、写真の1センチ、5ミリの大きさまで気にして割りつけても、もしドカドカと広告に割りこまれたのでは、苦労の仕甲斐がない」

「それよりも、広告をのせると、商品の正しい批評や紹介が、全然できないとはいえるまいが、非常にやりにくくなるということである。これが広告をのせない第二の理由である。というより、これが一番おもな理由だ、ということになる」

花森は、そのごもなんどか、広告について書いているが、いつも、第一、第二の理由をこの順序で書いて、第二のほうがおもな理由だ、という言い方をしている。

花森は続ける。商品がよくなってくれることは、われわれの暮らしをよくすることのひとつであるから、そのためには、「ほめるものは名前入りでほめ、よくないものは名前を上げて、よくないと言わなければならない。……何百万円やるといわれても、よくないものをいいと言うわけにはゆかないし、一銭ももらわなくても、いいものはいいと言わねばならない」

「これが、この雑誌を作ってゆく気構えの一つである。この気構えをつらぬいてゆくには、しかし、よほどの勇気がいる。そこは人間であるから、情にほだされる、力に押される。ノドから手が出るほどの金額に目をつぶって、……（その）タネを、なるたけ前もって、一つでも取り除いておこうという気持ちからなのである」

商品テストが始まってからのことだが、メーカーの取材には、かならず編集部員をふたりで行かせた。取材の間違いを防ぐためだが、情にほだされる、力に押されるのを、防ぐためでもあった。昼食にぶつかるとわかっているときは、弁当を持って行かせた。それも、出張先のホテルや旅館の、上等な弁当を持って行く。そして、お茶だけをもらう。日帰り出張のとき、大橋の母が作った三段重ねの堂々たる弁当を、持たせたこともあった。初期のころは、食べるところがいまほどなかったし、メーカーの地方の工場へ取材に行くことがおおかったからだ。

一方では、自社の乗用車を、花森は持たせなかった。暮しの手帖の車が人をひき殺したら、会社の命とりになるという理由だった。横に社名を入れた仕事用のワゴン車を、仕事中どこにとめておくかについても、花森は編集部員に注意した。

高校の同窓会にも、東大新聞の集まりにも、花森は出なかった。情にほだされる、力に押される関係を作りたくない、というのがおおきな理由だった。

花森は、広告を嫌っていたのではなかった。もともと広告宣伝の仕事をしていたし、その重要性をよく知っていた。だから、戦後、自分の雑誌を出すとき、すぐ新聞広告することを言いだした。まして、広告収入のない雑誌だから、それを広告することには真剣だった。暮しの手帖の新聞広告は、全国紙では朝刊の奇数ページに、縦五段のぶち抜きで載せてきた。

編集会議のとき、各部員から出されるプランにたいして、花森は、縦五段でそれをどう言うかだ、五段で言えないようなプランはプランじゃない、と言った。そのプランが五段の広告になったときの文字までが、目のまえに浮かぶようなプランでなければ、採用しない、とも言った。花森は、広告も、自分で文字を書きレイアウトして作ったので、編集会議のときから、その広告を目に浮かべていたようだ。

新聞広告は、雑誌の発売日かその翌日に紙面に出るように、広告代理店に要求した。ところが、花森が怒って仕事をしなかったり、なかなか原稿を書きださなかったりするので、発売日が決まらなかったり遅れたりすることが、しょっちゅうだった。それでも、発売日に合わせて広告スペースを取れ、と花森はがむしゃらに代理店に要求した。

ながく暮しの手帖を担当した、広告代理店・博報堂の川上昇（現、顧問）によると、新聞に暮しの手帖の広告スペースを予約しておいても、しょっちゅうくるうので、花森の言うとおりにはなかなか取れず、なんども花森にどなられたという。こっちは口銭を払っているんだ、というのが花森の口ぐせで、川上が、新聞社がだめだといっていると言うと、たとえば朝日新聞なら、花森は、広岡を呼んでこい！　とどなった。広岡知男は、当時の朝日新聞の社長だった。

もっとも、川上によると、花森はつぎに会うときはにこにこして、銀座のすし屋やそば屋へさそったり、川上のさそいで、隅田川に舟を浮かべていっしょに遊んだりした。

花森は、テレビのコマーシャルも作った。昭和四十年代、花森の手書きの文字で、黒地に白く「あなたは　暮しの手帖を　読んでいますか」と流した。ひとのやらないことをやれ、と言う花森らしく、花森の作ったコマーシャルは、音がなく、動きがなかった。音も動きもにぎやかなコマーシャルのなかで、とつぜん音が途絶えて、画面に、文字だけが静止して写っている、そういうものだった。

一定時間以上、音が出ないのは困る、音を入れてほしい、とテレビ局側に言われたが、花森はがんばった。だから、じっさいに放送したのは、たしか一局だったのではないか、と博報堂の話だ。

スカート神話の虚実

花森が、戦後、スカートをはいて銀座を歩いていた、という話がある。ある婦人代議士が花森と対談して、さいごまで女だと思いこみ、意気投合して、「おたがい、女性のためにがんばりましょう」と握手までして帰った、という話もある。

花森がスカートをはいていたという話は、それがあまりにも有名になってしまったために、暮しの手帖の人たちにとっては、少々うんざりの話題らしい。花森も言っていたように、どっちだっていいじゃないか、ということだ。

大橋や編集部の古い人たちによると、花森は、幅のひろいキュロットや、スコットランド兵でおなじみのキルトをはいていたことはあった。花森に原稿や絵を依頼に行った他社の編集者もそれを見ているし、すでに、花森は有名人になっていたので、このスカートの話は広まった。いまでも、学校の先生から聞いた、という人が何人もいる。

髪も、のばしていた。床屋へ行くのが大嫌いで、定期的に銀座の編集部にきてもらっていた床屋がこなくなり、そのときから髪をのばし始めた。うしろで束ねて、ポニーテールのようにしていたときもあるし、天然ウエーブの、おかっぱにしていたときもある。外へ出るとき、ネッカチーフをかぶったり、首にまいたりしていた。ネッカチーフをかぶり、色もののスラックスをはいて、女装のように見えることもあった。寒いときは、よくルパシカをきていた。

「我国唯一の衣粧美学者」らしく、当時としては、一般男性と違う服装で目立っていたことは、たしからしい。しかも、雑誌や週刊誌の対談に出て、女はスカート、男はズボン、という区別はおかしい、なにを着てもいいんだ、と得意の衣装論と既成観念の打破をぶっていた。花森がスカートをはいている漫画も描かれた。週刊誌の編集者が気をつかって、スカートをはいた漫画を載せてもいいかと聞いてきたとき、花森は、ぼくのことをどう言われようと、書かれようと、他人のすることに、ぼくは黙っている主義なんだ、と大橋に返事した。

週刊朝日の徳川夢声対談「問答有用」（昭和二十八年五月十日号）で、夢声がやはり花森の服装を話題にし、夢声の推理を披露して、花森を笑わせている。

夢声　あなたはね、某県指折りの富豪の令嬢と結婚した。その家の法事があった時に、親戚のもので「こんな乞食みたいな男に、娘をやるとはなにごとだ」といったやつがある。それがあなたの耳にはいったんだね。「おのれ、いいおったな。いまに見ておれ」と。（笑）浪花節だな。（笑）「ようし、おれはこいつらが乞食よりももっと恐れ

るような格好をしてやろう」(笑)

花森　これはいいなあ……。巌窟王的風貌もあるしね。(笑)

夢声　ほんとはどうなの?

それにこたえて花森は、神戸三中時代、「教養ある紳士たれ」ときびしく教育され、模範生になり、その反動で、松江高校時代は乱暴狼藉をやり、戦争でまた締めつけられて、現在の自分は、そういうものへの反発ではないか、と語っている。戦争中も「模範生」だったから、いまはその反動、とも受けとれる。

花森は、ときには女と間違えられるような目立つかっこうをし、ラジオや週刊誌に登場して、風俗や社会をしんらつに批評し、マスコミの人気者になった。

のちに花森は、大橋にこういうことを語った。ぼくは、自分を宣伝することによって、暮しの手帖をひろく知ってもらおうと思った。しかし、これは失敗だった。自分を売ると失敗する。だから、君は自分を売るな、暮しの手帖を売れ。花森はそう言った。

花森が、なにを失敗したと思ったのか、わからない。外に出て行くよりも、内に集中しろ、ということを大橋に言いたかっただけかもしれない。たしかに花森は、後年、まったく内に閉じこもった。

大橋は、花森が言ったように、なるべく世間の表面に出ないように心がけてきたという。

編集も行商も

初期の歴史的エピソードを紹介しておく。大橋をはじめ五人の女性編集部員が、連日、雑誌をリュックに背負い、東海道線、東北線、常磐線などと手分けして、駅ごとに降り、本屋を探して、私たちの雑誌を置かせてください、と売り歩いた話だ。断られたり、あとで代金をごまかされたりして、泣くほどの目にもあった。

花森はどうしていたかといえば、どこへも行かず、壁に地図をはって、リュック部隊がきょうはどの駅まで行ったかの印をつけ、日が暮れてみんなが帰ってくるのを、焼きイモを作って待っていた。

編集も営業も区別がない行き方は、このときに始まっている。いまも自社出版物のダイレクトメールを、編集部員が手分けして住宅地に配りに行く。そして、家庭の郵便受けがちいさいことに気づいて、編集の企画になったりしている。

大橋は、はじめのころ、都内のデパートにも雑誌を置いてもらおうと頼みに行った。なんだ、こんなもの、と仕入れ係が横にほうり投げたところもあったが、日本橋の三越の書籍部は、ガラスのショーケースのうえに雑誌を積んで、「美しい暮しの手帖、発売」の紙を下げてくれた。以後、暮しの手帖は、仕事に必要なものはなんでも三越から買い、ほうり投げたデパートには、大橋は今日まで展覧会以外、足を踏み入れていない。

一号（一万部）も二号も赤字で、三号が出せなくなった。大橋はお金の借り方も知らず、銀行を紹介してもらおうと、かつて勤めていた興銀に行った。入り口で偶然出くわした、大橋と同期の男性行員にわけを話すと、同期生三人が、自分の退職金を担保にして、興銀から三十万円を借りてくれた。このおかげで、三号でつぶれずにすんだ。出版不況がきていて、雑誌がバタバタとつぶれていった。

五号で「照宮さま」の特ダネを載せ、六号で四万七千部の部数になった。その年の暮れ、「やっと、わずかばかり黒字になりそうでございます」の手紙をそえて、それまでのぜんぶの執筆者に、五百円ずつ、お礼の形で原稿料の追加を送った。受け取った作家は驚いて、銀座の編集部までお礼を言いにきた人もいた。原稿料をピンピンのお札で、現金で送る習慣は、いまも続いている。

十号（昭和二十五年）を出したあと、それまで雑誌に紹介した花森デザインの洋服、手芸や工作の製作物、住まいの工夫などの実物を集めて、日本橋の三越で「暮しの手帖展」をやった。常識とは逆に、「手をふれて下さい」の張り紙を出して話題になり、大阪、札幌でも開いた。

二十七年、主婦の投稿が載せきらないので、投稿だけを集めた増刊『山のあなたの空遠く』を出した。そのなかに、「NHK勤務　ぬいた・ようこ」（現、NHK解説委員、市川房枝記念会理事長）の投稿が載っている。「私たち二人のささやかな出発です」と、自分たちの結婚の準備と教会での式の様子が、具体的に希望にみちて書かれている。自分が持っていったものは、幼いころから使い慣れたタンス二つ、母の若いころの鏡台が一つ、学生時代からの勉強机と本棚三つ、女学校時代の裁縫の教材をほどいて母に教えられながら縫った銘仙のふとん、などと当時の結婚の情景を書いている。

暮しの手帖の発行部数は、二十号（昭和二十八年）で十二万部になった。翌年から、さいっしょの大型企画、十回連載の「台所研究」が始まった。台所は家庭のなかの生産工場であり、主婦の事務室である、という考えに立って、流し台、調理台、煮炊き台の三つをどう組み合わせたらいいのか、イロハから始めた。台所からの女の解放を、花森はまず、台所での動きやすさ、使いやすさという能率の面から追求した。

その年の二十六号（昭和二十九年）に、「日用品のテスト報告その1　ソックス」が登場し、翌年の「テスト報告その4　電気アイロン」で、そのごの電気製品テストのきっかけをつかんだ。そのとき花森は、「できたな」と喜んだという。三十号（同三十一年）で、部数は二十一万部になった。当面の目標を三十万部においていた。

三羽烏の交友

暮しの手帖が創刊された昭和二十三年、「文藝春秋」では池島信平が編集長になった（同二十六年まで）。発行部数（推定、月平均）は八万部。「世界」「改造」「中央公論」などの総合雑誌に出遅れていた。

翌二十四年六月、左旋回の時流に抗して、「文春」は、伝説的に有名な「天皇陛下大いに笑ふ」の座談会を載せた。東大教授・辰野隆、座談の名人・徳川夢声、詩人・サトウハチローの三人が、天皇陛下のまえでおもしろい話をし、陛下がおおいに笑われたというのを池島は耳にして、三人にそれを語らせたものだった。

これが池島の成功のきっかけとなり、雑誌は八万部から、二十四年・十八万部、二十五年・二十八万部、二十六年・三十七万部、二十七年・四十五万二千部と、毎年十万部ずつふえ、「国民雑誌」の基礎が作られた（半藤一利「池島信平」、『言論は日本を動かす』講談社）。

おなじ時期、「週刊朝日」で、扇谷正造がデスク（副編集長）をしていた。部数は十万だった。ここで扇谷は、毎号の誌面に、固定欄、長尺企画、連載小説、連載対談、社会面的トップ記事などを配置する、そのごのニュース週刊誌の原型を作った。

二十三年六月、太宰治の心中事件が起きた。愛人の手記を取れ、と扇谷は若い編集部員に命令し、入手した大学ノートの日記の全文を、週刊誌のほぼ全ページをつぶして掲載した。週刊朝日は即日売り切れたが、社内には批判がつよく、扇谷は辞表を書いた。二十六年、編集長になり、三年後、週刊朝日は百万部をこえた。

扇谷と花森は、大学新聞編集部でいっしょだった。国史科の扇谷は、本所のセツルメントで児童学校の校長先生などをした人生派、社会派であり、一年下で美学の花森は、美術や映画や文学に関心をもつ芸術派だった。京大事件、やがて二・二六事件などが起こってくる時代の動きを背に、大学新聞編集部は、これらの二派に分かれて大激論をした。たいてい芸術派は負けるのだが、扇谷は、花森の文芸欄編集に見せる才には、驚いていた。花森を、「異能の人」と扇谷は言う。

暮しの手帖創刊号に、扇谷は「背広」と題した文章を書き、以後、「ぶっく・がいど」をふくめて、扇谷の名はしばしば暮しの手帖に登場する。一方、花森は、週刊朝日が始めた長期連載「日本拝見」の執筆陣に、大宅壮一、浦松佐美太郎とともに中心メンバーとなり、「芦屋」や「彦根」の探訪を書いた。週刊朝日別冊の表紙も描いた。

池島は、二十二年、文藝春秋新社が始めた雑誌「座談」の表紙を頼みに、スタイルブック時代の花森を訪ねたのが初対面だった、と書いている（池島信平、『雑誌記者』、中央公論社）。

そのごも、池島は絵やカットを花森に頼み、花森は池島の本の装丁もした。文春と暮しの手帖は、銀座の隣組だった。朝、新橋駅から出社する大橋に出会うと、土橋を渡って歩きながら、池島は「花ちゃんは元気でやってますか」と声をかけた。

池島、扇谷、花森の三人は、ラジオの社会時評「岡目八目」で、いっしょに仕事をした。三人で講演旅行にも行った。

扇谷は、花森の友情を語る。放送のとき、早口で聞きとりにくい扇谷のしゃべりを受けて、花森は、いま扇谷君がこうこうこういうことを言ったが、と扇谷の「和文和訳」をしてから、自分の発言をした。また、三人で神戸へ講演に行ったとき、親孝行の池島が母を同行してきた。池島も扇谷も、ホテルに着いて、疲れてひと眠りしてしまったが、そのあいだ花森は、池島の母を連れて港を案内していた。「花森君は、そういう心づかいをする男だった」と扇谷は言う。

昭和二十八年、「扇谷正造を中心とする週刊朝日編集部」は、文春ゆかりの菊池寛賞を受けた。三十一年、「花森安治と暮しの手帖編集部」も、菊池寛賞を受けた。扇谷の週刊朝日は、「おめでとう『暮しの手帖』のみなさん」と書き出して、トップでその編集部の歩みを特集した。暮しの手帖は、ここで念願の三十万部をこえ、翌年一月には、五十二万部になった。

商品テストへの挑戦

前人未到の分野へ

暮しの手帖が商品テストを始めたのは、昭和二十九年の二十六号からだった。「日用品のテスト報告」の題で、毎号ひとつずつ、ソックス、マッチ、鉛筆、アイロン、安全カミソリ、しょうゆ、電球、てんぷら油……と、文字どおり、身近な暮らしの必需品を取りあげた。「すこしでも、よい商品を作ってほしい、それが、この日用品テストのねがいである」と、花森は書いた(三十三号)。

戦後を、デザイナー・服飾評論家として出発した花森は、この商品テストという仕事をとおして、これまで、だれも手がけたことがない、あたらしい分野を切り開いていくことになる。それは、しばしば、世の中のごまかしや不正と戦い、企業と対立することでもあった。

最初のソックスのテストは、子ども用のウーリーナイロンの靴下と、ナイロンを補強した木綿の靴下、二十二種を買い集め、三カ月間、小学五年、中学一、三年の女生徒に毎日はかせ、洗濯の方法も回数も一定にして、試験したものだった。そして、「アナはあかない」

「色はみなはげる」などと報告した。

二回目のマッチのテストは、市販の十二社の家庭用のマッチを町で買い集め、各三十箱ずつ、一箱に何本入っているかを数え、一本一本、火をつけてみて、火が飛び散る、火がついてすぐ消える、軸が折れている、頭薬（火のつく頭の部分）が完全でないなどと、各銘柄ごとに点検した。そして、一年間に国内で使われるマッチのうち、二億七千万箱が使いものにならないという計算になる、と報告した。

つぎの鉛筆のテストでは、十二種の市販の鉛筆各二ダースを、削ったり、書いたり、しんを折ったり、湯に三十分つけてからひねって木部の接着具合を調べたりした。このテストに、はじめて比較参考のため外国製品、西ドイツ製の鉛筆「キャステル」を加え、結論として、キャステルが「何といっても断然Aクラスのトップ」と報告した。

以後、しばしば外国製品をテストに加え、そのすぐれた品質を証明して、国産のメーカーに注文をつけた。

六回目のしょうゆのテストで、はじめて味を手がけた。味のよしあしを、目、鼻、舌で判定する「ききみ」の専門家五人、日本料理屋、中華料理店、すし屋などの一流料理人五人、読者のなかから主婦十人、という三つのグループを作り、たがいに話しあわないように日を違えて、二十六の銘柄のしょうゆを目かくしテストした。

とくに専門家にたいしては、二十六種のしょうゆに、二十七の容器を使った。つまり、二つの容器にはおなじしょうゆが入れてあり、その二つにおなじ点（百点満点）をつけるかどうか、専門家の信頼性もテストした。

テストの結果は、業界四大手以外のある銘柄が、三つのグループで一致して一位になり、業界を驚かせ、さわがせた。

てんぷら油のテストでは、一流料理店の主人五人と主婦十人が、銀座のてんぷら屋の座敷に並び、六種のてんぷら油を入れた六つのなべで、十二人の職人がいっせいに揚げるおなじタネを試食した。油は、もちろん目かくしで、めいめいが、おなじタネを、違う油で六回食べる。

タネは四種。各人のまえには、てんぷらを飲みこまないで吐きだす器と、水と、舌が油に慣れないようにするための食パンが置いてある。四種のタネを各六回ずつ試食して一巡したあと、さらに、油の質の落ち方をみるため、足し油をしないで、もう一回おなじテストをくりかえした。

これらの、人間による、くりかえしのテスト方法は、暮しの手帖のテストの原型であり、現在は計器も使われているが、基本は変わっていない。

テストの結果は、メーカーの名前といっしょに、誌面に発表された。そのため、火をつけてやるとか、ぶっ殺してやるなどの脅迫電話がきて、消防署や警察に連絡したこともあった。

テストをさいしょから手がけてきた大畑威によると、はじめのころ、いちばん困ったのは、中小のメーカーから、このままでは会社がつぶれる、と泣きつかれることだった。テストの結果、よくないと書かれた製品が、問屋から取引を断られてしまう、なんとかしてほしい、というのだった。メーカーの名を載せないでほしい、という申し入れもあった。

大畑はテスト方法を考えることに夢中で、テスト結果がひき起こす事態まで考えていなかった。ちいさなメーカーから苦境を訴えられて、はじめて自分のやっていることの影響力の大きさを知った。

大畑は愕然とし、思いあまって、この仕事をやめさせてほしい、と花森に申し出た。花森は、君がそんな弱音をはいちゃ困るじゃないか、と言いながら、自分も困っているようだった。

象徴ブルーフレーム

暮しの手帖の商品テストで、伝説的に有名なのが、昭和三十五年を第一回とする石油ストーブだ。ここで暮しの手帖は、英国製の「ブルーフレーム」（アラジン社）を抜群の一位に推した。

高度経済成長の一九六〇年代が、始まったころだった。家電製品とともに、石油ストーブも急速に普及し、生協の灯油の取扱量が急増してゆく時期だった。消費革命、流通革命、寝具革命などが言われ、豊かな日本の始まりだった。

イギリスに「ブルーフレーム」という石油ストーブがある、と花森に教えたのは、評論家の浦松佐美太郎だった。外国暮らしの経験がある浦松は、イギリスの宣教師が寒冷地に赴任するとき、このストーブをさげて行く、とおもしろく語り、自分がひとつ取り寄せるから、いっしょに買わないか、と花森にすすめた。

研究室に到着したブルーフレームは、形も色もよく、暖かく、においがなく、青いほのおが静止しているかのように燃えて、「神秘的にさえ見えた」「おがみたいくらいだった」と編集部員は言う。「物」への、新鮮な驚きと喜びがあった。それまで、石油ストーブはくさいもの、使っていると家の外までにおう、そういう品物だった。

テストは、日本の石油ストーブ六種に、比較のため、このブルーフレームを加えておこなわれた。「冬」を再現するため、研究室に設備がなかったので、東京・築地の冷蔵会社で冷蔵倉庫を借り、その中にちいさな部屋を造って、そこに石油ストーブを置いた。おおきな冷蔵倉庫のなかで、編集部員は防寒服を着てのテストだった。

室内が一定温度に暖まるまでの時間、そのときの灯油の消費量、においのあるなし、掃除のしやすさ、持ち運びの便、不便。そのどれも、ブルーフレームがよかった。

ストーブの安全性をみるため、どのくらい傾ければ倒れるかも調べた。さらに、燃えているストーブが倒れたら、どうなるか、試してみろ、と花森が言いだした。だれも、倒した経験がない。心配なので、研究室の車庫にストーブを運び、車庫のシャッターをしめて、さいしょの一台を突き倒した。二十秒後、四十秒後、一分後と、経過を見る予定だったが、途中で火が天井まで上がり、用意した砂を夢中でかけた。シャッターをあけて煙を出し、外で深呼吸して、また、つぎを突き倒す。車庫の中はススだらけ、鼻の穴はまっ黒になり、緊張と息苦しさで、みんなハーハーいっていた。

ブルーフレームだけは、倒しても、火がストーブの外にもれなかった。一分間そのままにしておいて起こすと、また、何事もなかったように燃えつづけた。

安全性を加えて、全項目でブルーフレームは一位だった。「おすすめできるものは、国産六種の中にはありませんでした」と、テスト報告におおきな活字で書いた。英国製と日本製の差は歴然で、二年後の二度目のテストでも、「おすすめします」はブルーフレームだけだった。ブルーフレームの値段は、国産品の二倍だった。

この石油ストーブのテストは、商品テストというものの価値を、世に知らせた。また、日本の商品をいいものに変えてゆく、ひとつのきっかけになった、と編集部員は見ている。雑誌の発行部数は七十万部をこえ、じゅうぶんな影響力を持っていた。

ブルーフレームは売れた。入荷が間に合わず、東京・日本橋の三越では、予約受付をする事態になった。

日本製の石油ストーブが、英国製に匹敵する品質を証明したのは、第一回テストから八年後の四十三年のテストで、日本の高度経済成長がまだ続いていた。そのとき外国製と肩を並べたのは、日立、三菱、シャープなどのメーカーだった。

しろうとが編み出したテスト方法

ある商品をテストするとき、ふたつのことが問題になる。ひとつは、その商品のなにをテストするか、もうひとつは、それをどういう方法でテストするかだ。このふたつが解決すれば、テストはヤマを越えたようなものだという。このうち「どういう方法で」というのが、むずかしい。

はじめてスチームアイロンをテストに取りあげたとき、蒸気がどういう形で、どういう範囲に噴きだすのかを調べようとした。アイロンのなかに、色のついた水を入れれば、色のついた蒸気が出るだろうから、それを白い布に当てれば、蒸気の跡が目に見えるだろうと思った。それを写真に撮ればいい。

インクで色をつけた水を入れてやってみたら、蒸気になって出てきたのは水だけで、染料はアイロンのなかにこびりつき、アイロンをだいなしにしてしまった。考えてみれば、当然のことだった。では、どうすればいいのか。メーカーに問いあわせたが、そんなこと、やったことがないという。ずいぶん考えた。

発想の転換で、蒸気が当たったところだけ色が出るように、あらかじめ布のほうを薬品で処理しておけばいい。思いつけばナーンダというようなことでも、思いつくまでがたいへんだった。蒸気の跡を写した写真が雑誌に載ったら、メーカーが逆に、その方法を聞いてきた。アメリカのメーカーも、問いあわせてきた（昭和三十七年）。

レーンコートの防水加工のよしあしを調べることになった。各コートの布地をたるませて、ししゅう枠にはめ込み、そこに水を入れて、裏から水滴がもれ始めるのを見ることにした。枠をひもでつって、人間が下から監視している、というのがテストだ。

すぐ水がしみ出すものもあるが、なかなかしみ出さないのもある。上をじっと見つづけているので、首が疲れてくる。毛布を敷いて、人間は横になって見ていることにした。夜になったが、まだしみ出さないのがある。途中でやめるわけにはいかないので、男性部員は徹夜になってしまった。翌日は早朝に女性部員が出てきて、朝ご飯の支度をするさわぎになった。二十四時間後、水をすこしも通さないレーンコートが、十三種のうち五種あった（昭和三十五年、新品の場合）。

布に水をためるというこの方法には、編集部内にも反省があり、次回から、シャワーに似た装置で水をかける方法に変えた。

しろうとが、素手で、ああしたら、こうしたら、とテスト方法を考えながら始めた「日用品テスト報告」だった。テスト結果にたいして、業界からはつよい反発があった。石油ストーブのときは、燃えているストーブを倒すとはなにごとか、倒れるのは使い方がわるい、などと言われたが、その後、夫婦げんかのすえ、石油ストーブを投げつけた、なんていう事件もあった。

テストの初期には、自分たちの研究室にじゅうぶんな設備がなかったので、品物によっては、国立や公立の研究所や試験所に部分的にテストを依頼し、誌面にもそのことを明記する、という方法をとった。

ところが、ある国立の試験所で、テストを頼みに行って断られた。お宅はテスト結果といっしょにメーカーの名前を雑誌に出すから、というのが理由だった。国立の機関が、国民よりもメーカーの立場を気にしている、と花森はのちのちまでこれを例にあげて、消費者にたいする国の姿勢を怒り、それを文章に書き、編集部員にも語った。彼らはいずれメーカーに天下るか横すべりするから、メーカーのご機嫌をそこなうことは、やらないのだ、と花森は言った。

電機の業界紙が、「暮しの手帖を斬る、試験方法に疑問」の大見出しで、一ページの大特集をしたことがある（昭和三十八年九月）。全国の家電商品販売店から四百五店を選び、面接調査した結果を載せたものだ。このときすでに暮しの手帖は、スチームアイロン、トースター、石油ストーブなどのテストを発表していた。業界紙が伝えた販売店調査のおもな数字は、つぎのとおりだ。

暮しの手帖という雑誌を「よく読む」五三・四パーセント

テスト結果を発表するのは「大変よい」「よい」合計六五・六パーセント

テストの方法は「やり方に疑問がある」四六・〇パーセント、「よくやっている」「まあいいだろう」三九・五パーセント

「暮しの手帖を斬る」にしては、やや迫力に欠け、逆に影響力を認めたかっこうになって

いる。記事のなかに販売店の言葉として、「評価のいい機種を指名してくるので、他機種が売れなくなる。石油ストーブの場合は困った」などと載っている。「全くの素人テストなので問題にならない」というのもあった。

大メーカーの研究所へ、編集部一同で見学に行ったことがある。そのとき、当研究所には、工学博士や理学博士や、博士号を持つ者が百何十人いる、という説明を受けた。花森はいかにも得意そうに、うちには博士はひとりもいない、みんなしろうとだ、と言った。物を作るのは博士だろう。しかし、それを使うのはしろうとだ。だから、作った物への発言権はしろうとにある、というのが花森の立場だった。

メーカーは当然、しろうとの一雑誌社よりも厳密なテストをしているはずだ、と編集部は思っていた。ところが、かならずしもそうではないらしいことが、わかった。

それに気づいたのは、まず、どびんだった。湯が、注ぎ口からうしろへ回って、ポトポトたれる。それを書いたら、製造元が怒って、ぜったいにそんなことはない、立会実験をしたいと、九州から乗り込んできた。やってみたら、相手は台所の蛇口からどびんに水を入れて、注いだ。編集部はとうぜん、熱い湯を入れた。そこが、違っていた。水と湯では、表面張力が違う。家庭では、どびんに水を入れては使わない。メーカーは、家庭でふつうに使うようなやり方でテストしていない。そういうことがある、とわかった。

ミシンは、針に糸を通して布を縫う機械だ。家庭では、そう使う。ところが、メーカーと話しているうちに、そういうやり方では耐久力テストをしていないことがわかった。糸も布も使わずに、いわば機械のから回しで、部品の耐久力を試験していた。編集部は、実際に一万メートルを縫って、テストした（昭和三十九年）。

魚焼きの網で、メーカーは、たいらな食パンを使って、まんべんなく焼けるかどうかをテストしていた。しかし、魚はまんなかに厚みがあるから、それだと、たいして焼けなくてもいい頭としっぽがはやく焼けて、こげてしまう。ここでも編集部は、じっさいに魚を焼いてテストした。

白い混紡の毛糸のテストでは、セーターを編み、着て、洗っていったら、のびて、色が黒ずんできた。そう書いたら、メーカーが怒って、押しかけてきた。わかったことは、そのメーカーは、編んだセーターを「着ていない」ということだった。

これらは、テストをめぐってメーカーと話しているうちに、たまたまわかった例だ。

読者から寄せられた手紙のなかにも、かつてメーカーにいた人から、「調理器具を作る技術者に料理のできる者はなく」という指摘があった。調理器具を設計し、作るのは男性で、料理を日常的にやっている人ではない、という意味だろう。

花森の始めたテストは、だから、ふだん家庭で、しろうとが使っているようなやり方でテストすることを、基本にした。それは、人手がかかるし、時間もかかるが、その実証主義こそが、しろうとがメーカーに立ち向かえる方法だった。

「こげつかない」ことをうたい文句にした、樹脂加工のフライパンをテストした。ほんとうに、こげつかないか。十種のフライパンで、百回、二百回、三百回と、野菜いためを作ってみた。

近所の八百屋に相談して、毎朝、市場に捨ててある野菜を大量に運んできてもらい、テスト担当者は、毎日、タライになん杯も野菜をきざむことから仕事を始めた。そして、いためた。髪にも洋服にも、油のにおいがしみ込んだ。二百回を過ぎると、こげつくものが出て、五百回になると、底がボコボコになったりした（昭和四十三年）。

ベビーカーのテストでは、赤ちゃんとおなじくらいの重さの人形を乗せて、なん日もかけて、おなじコースを合計百キロ歩いた。夏だったので、冷たい水と救急箱を乗せた自転車が一台、ベビーカーの列についた。ひとりでも、気分がわるくなって途中で脱落する、というわけにはいかない。通りがかりの人が、なにをしているんですか、なにかのデモンストレーションですか、などと聞いた。十キロで車輪に故障するものが出はじめ、二十キロで押している柄が倒れるなどの事故が起きた（昭和三十五年）。

三種の神器のテスト

週刊朝日が「洗濯機と冷蔵庫——家庭電化時代来る」と巻頭に特集したのは、昭和三十年だった。その記事によると、電気洗濯機は「家庭電化の花形中の花形」、電気冷蔵庫は「大衆には高根の花」、電気掃除機は「普及し始めるのにまだ三年はかかる」とあり、この三つが「家庭生活の三大利器」と書かれている。その二年まえに放送を始めたテレビの受像機（白黒）を加えて、これらの家庭用電気製品は、まもなく爆発的に普及しはじめた。

あたらしい機械のテストには、あたらしい方法が必要になる。

電気冷蔵庫のテストに取りかかるときは、一年まえから準備にかかった。メーカー九社の、これから売ろうとしている基本の商品を編集部に買いそろえ、一年間、じっさいに使ってみて、電気冷蔵庫とはどういう機械か、全体としての性能のレベルはどのくらいか、どういう問題があるか、などを頭に入れた。編集部では、すでにアメリカ製の大型電気冷蔵庫を使っていた。

同時に、電気冷蔵庫を持っている読者グループの五十世帯に頼んで、その使い方を聞き、一日に扉をあけたてする回数、その時間を記録してもらった。三度の食事時間の前後をヤマに、一日に平均四十九回、冷蔵庫のドアを開閉しているという結果が出た。

この予備調査のあと、冷蔵庫を各社二台ずつ、あたらしいものにぜんぶ買い替えて、本格的なテストを始めた。昭和三十九年だった。雑誌掲載を夏に合わせるため、テストは、秋から冬をはさんで春まで続いた。冷蔵庫を置くテスト室内の温度を常時三〇度に保つため、そのときは石油ストーブを使って、男性部員が徹夜で温度管理をした。午前二時から三時にかけて、花森は毎晩、「どうだァー」と心配して電話をかけてきた。

庫内の温度は計器が伝えるが、扉をあけての品物の出し入れは、人間がやらなければならない。一日四十九回の扉のあけたてのスケジュールを作り、オガクズを塩水でかためた生鮮食品の代用品（大きさを統一してある）を、号令一下、いっせいに出し入れする。一台にひとりずつ付いて、扉をあけ、中のどれを出すか、外からどこへ入れるか、その時間も、すべて決められている。入れる場所を間違えたから、もういちどあけてくれ、というわけにはいかない。扉のまえに立つと、はじめは緊張でドキドキしたという。

やがてテストの対象が大型冷蔵庫になったときには、この出し入れをうしろから見ていると、全員が一定時間、ゼンマイ仕掛けのようにおなじ動きをして、バレエを踊っているようだった。

電気掃除機では、テストに使うごみは、どういうごみがいいか、という問題があった。調べてゆくと、電力会社の研究所に、全国の室内ごみの素性のサンプルというのがある。スウェーデンの電気協会に、テスト用のごみの規格というのもある。標準型の、補給のきくごみを、まず作らなければならない。それらを参考に、紙をこまかく切ったり、毛布をミキサーで粉砕したり、オガクズや砂や粉末や髪の毛をまぜたりした（昭和三十六年）。

家庭のほんもののごみも使った。東京都内の大団地を戸別訪問し、掃除機のなかのごみをください、掃除機をきれいに掃除してお返ししますから、とお願いして集めた。床にこぼした牛乳やジュースを掃除機に吸わせている家もあり、なかがかたまって、口いっぱいで、掃除機の掃除には、ひどい目にあった。それらのごみを、電子レンジが登場してからは、それで殺菌してから使った。現在は、赤土の粒子をそろえた規格品をもとに、ごみを作っている。

機械は電化しても、その商品テストは、家庭用品であるかぎり、人間の手仕事が基本であることに変わりはない。

完全主義のテスト

商品テストを失敗したら、暮しの手帖はつぶれる、と花森は言っていた。人さまが命がけで作っている物を、いいとか、わるいとか批評するのだから、商品テストは命がけだとも言っていた。テストには完全主義を押しとおし、ミスをした担当者には、お前みたいなやつは、クビだ！　と大声でどなった。

何十回、何百回と、おなじことを手作業でくりかえすテストは、やっているうちに気がおかしくなってくる、と言う男性部員もいる。いたたまれなくなって、思わず外へとび出してしまうこともある。しかし、百回を九十五回でごまかすことは、考えられない。九十六回目から、なにか変化が出てくるかもしれないから、と言う。

商品テストが正しくおこなわれるかどうかは、君が社員をだいじにしているかどうかで決まる、と花森は、社長の大橋鎭子に言った。

君は、社員が毎日、しあわせにして働いているかどうかを、いつも気にかけている番人になれ。

会社があぶなくなったら、君は自分の貯金をぜんぶ出して、社員を守れ。自分の貯金を自分のものだと思うな。

社員の仕事のことで、外部と面倒なことが起きたら、まず、君が出て行ってあやまれ。あやまるということは、君のだいじな仕事だ。

花森は、そう言った。社員をだいじにしなければいけないとは、だれでも言うが、そのことを、このように具体的に、口に出して言ってくれる人は、なかなかいない。ありがたかった、と大橋は言う。

テスト結果を発表するグラビアの原稿は、百号（昭和四十四年）まで、ぜんぶ花森が自分で書いた。編集部員には、書かせなかった。百号のとき、さいしょの心筋梗塞におそわれ、以後、編集部員が書いたものに手を入れるということが、しだいにふえた。

テストの結果は、テスト項目ごとに、数字を整理し、簡潔な箇条書きの説明をつけて、花森に提出された。ふつうの文章にすると、テスト担当者の主観が入る、と花森は言い、箇条書きが長すぎたりすると、ぼくを誘導する気か、と文句を言った。テスト屋が書くと書きすぎる、欲ばると読者に伝わらない、とも言い、テスト記事は、学生のレポートでも百科事典の記述でもないと言って、むずかしい図表を嫌い、ひとつの図表にはひとつのことしか言わせなかった。

テスト結果の判定会議は、担当者以外の編集部員も出席して、全員でおこなわれた。テスト項目別に出てきたメーカーごとのデータを、総合的にどう評価するか、最終的にどの製品をよいとするか、を決める。データの単なる集計ではなく、そこに、商品にたいする花森の見方が出てくる。だから、他のテスト機関がやるように、テスト項目別の成績を一覧表にして誌面に載せる、ということはせず、判定は花森が文章にした。

花森は、原稿を書くのに苦しんだ。なかなか書きださず、台所の流しで、ていねいに万年筆を洗ったり、ついでに眼鏡まで洗ったりして、時間をつぶした。ときには夜、とつぜん、テストをやり直せ、と言い出した。担当者たちはまた、まる一日も二日もかけてやり直し、たいして違わないテスト結果を出した。そのたびに、原稿が遅れ、経費もかさんだ。

テストのやり直しのまえとあととで、どこか違いがあったのかと、あるとき大橋が聞いたら、花森はかみつくような顔をして、君はなにを言ってるんだ、ここに「やや」とちゃんと書いてあるじゃないか、と自分の原稿に指を突きたてて怒った。「ややよい」の「やや」が挿入されていた。それだけだった。大橋は絶句した。

花森が、原稿を書くのに確信を持ちたかったからテストのやり直しをさせたんだという見方と、原稿が書けないので、時間かせぎにテストのやり直しをさせたんじゃないか、という両方の解釈が編集部員にある。

雑誌に発表した商品テストの結果について、メーカーの責任者や技術者が説明を求めてやってくると、編集部は、そのメーカーにかんするデータをすべて見せて、応対する。他のメーカーのデータは、見せない。

テストに使ったあとの商品、つまり証拠品を、メーカーが持ち帰って調べたいというとき、編集部はふたつの条件をつける。ひとつは、その証拠物件の現状を変更しないこと。もうひとつは、それを材料にして、争いを持ちこまないことだ。

つまり、メーカーが商品を改良するためなら貸すが、それ以外には、こちらの証拠品をわざわざ貸さなければならない理由はない。メーカーが自分でテストをすれば、わかることだ。そういう理由だった。

アメリカ製品の凋落

フライパンのこげつきテストをしたとき、樹脂加工の技術を開発したフランスの企業が、日本駐在員をとおして、その証拠品を渡してほしいと言ってきた。ふたつの条件を示したら、本社からの返事は、「それなら、いらない」というものだった。

一般にアメリカの企業は、商品テストの結果、よくないと指摘されると、テストの欠点を探し、弁護士を立てて争うという構えをみせる。ヨーロッパのメーカーは、欠点を言われても、いったん作りあげた製品を、がんこに変えない傾向がある。それに比べて、日本のメーカーは、指摘された欠点を改良することに、ためらいがない。編集部員は、商品テストをとおして、そういう印象を持っている。
だから日本の製品は、比較的はやく、よくなってゆく。半面、メーカーはすぐ改良型を出すと悪口を言われるのだが、そこにプラスの面もあるのではないか、と編集部員は見ている。

外国製品がかならずしもよくないことに気づいたのは、昭和四十七年(一九七二年)の、スチームアイロンのテストだった。前二回のテストで断然よかった、アメリカのGE製のスチームアイロンが、このときの新型では、かんじんの蒸気が出なかった。そんなはずはないと、店を変えて、つぎつぎに十八台、おなじ機種を買ってテストした。

一台について五回ずつテストして、十八台のうち九台は、ぜんぜん蒸気が出ない。四台は出たが、弱くなって途切れ、あとの五台が正常、という結果だった。十八台中、十三台に欠陥があった。GEの製品に、考えられない事件だった。これが、アメリカ製品と日本製品の評価が逆転してゆく境目だったと思う、と編集部員は言う。

アメリカは、一九六五年からベトナムに本格的に軍事介入しており、七一年にはニクソン大統領のドル防衛策が打ち出されて、アメリカの世界経済での王座がゆらいできた時期だった。日本は、経済の高度成長が十年ほど続き、それが終わる時期にあたっていた。第一次石油ショックの前年のことだ。日本のメーカーは力をつけていた。

そのご、おおきなものでは電気冷蔵庫、ちいさなものでは魔法瓶、食品ではコーンスープというように、比較テストで、日本製品の成績がアメリカを上まわってきた。

アメリカ製が「よくなくなった」のには、ふたつの面がある。ひとつは、アメリカ製はまえとおなじなのだが、日本製が改良を重ねて、よくなったもの。もうひとつは、アメリカ製に製品のばらつきが出てきた、つまり、品質管理がわるくなってきたということだ。これが目立った。

花森は、商品の性能だけでなく、その使い勝手にこまかく注文をつけた。目盛りが見にくい、つまみの位置がわるい、板が切りっぱなしで危ない、取っ手がつかみにくい、運びにくい、掃除がしにくい、などのことだ。

そんなこと、という顔をする編集部員に、花森は、君はなぜ我慢するんだ、と文句を言った。これからは、みんな性能がよくなってゆくから、使い勝手がものをいう時代になる、と花森は言っていた。

西ドイツに五年、アメリカに四年住んだ編集部員は、ヘアドライヤーやヘアカーラーなどの日用品で、日本製がいかに使いやすいか、外国に住んでよくわかった、と語っている。

「コンシューマー・レポート」の教訓

かつて暮しの手帖編集部に、中学三年の女の子から、つぎのような手紙がきた。

「……こんなにたくさんの品をテストするんじゃ、品物を買うだけでも、たいへんなお金ね、と私がいいましたら、姉さんが、バカね、買うわけないじゃないの、みんなメーカーからもらってくるのよ、といいました。だってテストしたあと、悪口をいわれるかもしれないものを、タダでくれるわけないでしょ、というと、たとえ悪口をいわれたって、雑誌にのれば宣伝になるんだから、タダでくれるくらい安いものよ、と姉さんはいいます。……ほんとうはどうしているんですか」（昭和三十八年）

もちろん、ぜんぶお金を出して買っている、と雑誌のあとがきで答えている。服飾の写真を撮るときの靴やバッグも、料理の写真のときの道具や食器も、みんな買っていると、つけ加えている。商品テストでいちばんだいじなことは、どこの「ヒモつき」にもならないことだ。問題は自分たちのほうにあって、物をもらっておいて、その物を、いいとかわるいとか批判できる自信が私たちにはない、と書いている。

このあとがきのなかに、自動車のことが出てくる。自動車のテストをやれという希望が、ちょいちょいある。まだ自動車をやることはない、ほかにやるものがあると思っているが、かりにやろうと思っても、ぜったいにできない理由がある。自動車を何台も買ってテストするだけのお金が、ないからだ。そう書いている。

同時に、花森は、商品テストを商品にしてはならない、という考えを持っていた。アメリカの雑誌「コンシューマー・レポート」を例に、花森は書いている（「商品テスト入門」、昭和四十四年）。

「コンシューマー・レポート」は、商品テストだけを載せている雑誌だ。だから、雑誌を売るために、いきおい、自動車や、ボートの船外モーターや、狩猟の銃、ゴルフ道具など、高級レジャー用品を取りあげなければならなくなった。値段の安い日用品ばかり扱っていたら、雑誌が売れないからだ。「これは〈商品テスト〉が〈商品〉になってしまったために起こる歪みであり、本来の商品テストの在り方からいうと、たいへん危険な傾向だといわなければならない」

これに比べて、暮しの手帖は、ほかに料理や健康や工作の記事、随筆などがあって、「商品テストを含めて、商品についての記事は、号によって多少の差はあるが、だいたい一冊のうち……2割そこそこである」と、花森は書いている。

商品テストや紹介記事に、ある物をとりあげるかどうか決めるとき、花森はひとつの基準をよく口にした。生活必需品はべつとして、その物が、おおくの人の暮らしに、あったほうがいいか、あってもなくてもいいか、あっては困るものか、という基準だ。一番目の例は、電気洗濯機などだし、二番目のは、趣味やレジャーの用品、三番目は、ある種の食品添加物やうそつき商品などだ。花森は、一番目の「あったほうがいいもの」と、三番目の「あっては困るもの」を、優先させた。

家事労働を軽くする電気洗濯機、共働き家庭に毎日の買いものの負担を減らす電気冷蔵庫、生活環境を快適にするルームクーラー、それらの家電製品を、比較的はやい時期から、花森は積極的にとりあげた。

きれいに洗えない自動食器洗い機（昭和四十三年）や、万能調理器のごとく宣伝した電子レンジ（同四十九年）の登場のときは、テスト結果をもとに、「この愚劣なる商品」と、トップ記事にして、たたいた。「あっては困る」と判断して、メーカーに攻撃をかけた例だ。

自動食器洗い機は、二社が発売したその年に、「こんなふしだらな商品は、はじめてである」と書き、突きとばして横倒しにした食器洗い機の写真を載せて、おおくの人が買うまえに、と先制攻撃をかけた。

われわれが使う食器は、ご飯茶わん、汁わん、小鉢、小どんぶりなど、いったいに深いうえに糸底がついており、形にも大きさにも決まりがない。しかも、ご飯粒とか、みそ汁やおろし大根のカスとか、落ちにくい食べものがいろいろある。

「それをアメリカあたりの、皿とコップが洗えたらいい、という国の仕掛けをまねして、シャワーぐらいの水で洗ってみたって、これはうまくいかないのが、あたりまえではないか。……博士が何百人いるとか、特許をいくらもっているなどと呼号しているメーカーのことだ、それくらいのことは、ちゃんと知っている筈である。わかっていて、売るのである。言語道断である」と、花森は怒って書いた。

「商品テストは、消費者のためにあるのではない」と、前述の文章に、花森は強調して書いている。

なにもかしこい消費者でなくても、店にならんでいるものが、ちゃんとした品質と性能をもっているものばかりなら、あとは、じぶんのふところや趣味と相談して、どれを買うかを決めればよいのである。そんなふうに世の中がなるために、作る人や売る人が、そんなふうに考え、努力してくれるようになるために、そのために〈商品テスト〉はあるのである。

自動食器洗い機には、後日談がある。

その記事が出たとき、攻撃されたメーカーのひとつ、日立の家電部門に、花森の松江高校からの親友である奥村和がいた。かつて、プロ野球の日本シリーズの券を大橋に託した友人だ。かれは横倒しに突きとばされた自社の食器洗い機の写真を見て、花森君はなんていうことをするんだ、いくらなんでもひどいじゃないか、とブルブルふるえた。

奥村は重役室に呼ばれた。その机のうえにも、暮しの手帖がのっていた。君はこれをなんとかできなかったのか、と重役は奥村に怒っていた。

奥村はそれまで、花森に言っていた。百パーセントの商品でなくても、メーカーは戦略上、売り出すことがある。君はそれをテストして、わるければ、わるいと書けばいい。それぞれ立場が違うんだから、それでいいんだ。そう言っていた。

そして、まえよりいいものを出せば、こちらが頼まなくても暮しの手帖は、またテストして、よければ、いいと書いて載せてくれる。奥村は、そういうふうに花森を信用し、会社の人たちにもそう話していた。しかし、このときばかりは、違った。しばらくは、花森に会いたくなかった。

それから数年たって、奥村は定年になり、その後のショールームの仕事も終わって、花森のところへあいさつに行った。花森は、人間、仕事をやめちゃだめだ、と言い、暮しの手帖にきて、ここでいっしょに仕事をしないか、社長にはぼくが頼むから、と奥村に言った。奥村は暮しの手帖に入って、しばらくいた。

大橋によると、あの食器洗い機のとき、奥村がどんなに困ったかを花森は気にしていて、それがこういう形になったのだと思う、という。

花森の性格と商品テスト

花森は商品テストに向いている人だった、という見方が編集部員のあいだにある。花森は、物を買うのが好きな人間だった。あたらしいもの、便利なもの、おもしろいものを見つけると、すぐ買ってきて、使ってみた。いいとなると、みんなに、買え買え、とすすめた。オランダのフィリップス社製の、弁当箱のような小型テープレコーダー（カートリッジ式）がはじめて輸入されたとき、まっさきに買って、これであたらしいテープレコーダーの時代がくる、と編集部員みんなに買わせた（昭和三十五年）。

花森は、東京・上野のアメ横の、舶来品屋の上得意で、アメリカのサンビームのトースターやGEのスチームアイロンから、プラスチック製の粉入れやフライ返しなどの台所用品まで、外国のあたらしいものをなんでも買ってきた。女性編集部員に赤ちゃんが生まれたとき、立ったまま使えるアメリカ製のバス（ふろ）を買って贈った。

編集部員は、入社するとみんなカメラを買わされたが、買いに行くのは花森で、カメラ屋は、日本橋の「カメラのきむら」に決まっていた。当時、店頭にいた住佐英一（現、外商部長）によると、はじめは、カメラのことをよく知っているおっさんが、またきた、という感じで、花森がなにをしている人か知らなかった。とにかく、カメラをよく知っていて、いいものをわかってくれるし、よく買ってくれる、ありがたいお客さんだったという。よく知っているので、よけいな説明をだらだらとすると怒りだすのが困りものだった。ポラロイドカメラが出たときは、フィルムをダンボール箱でいくつ、と車のトランクに積んで帰った。

やがて、新しいカメラ情報をどっちがさきに知っているか、競争のようになり、いい勉強になった、と住佐は言う。

あたらしいものが入ったら、なんでもいいからカタログを見せてくれ、と言われていたのが、日本橋の三越だった。アメリカの電気冷蔵庫（ケルビネーダー）も、フィリップスのテープレコーダーも、さいしょに入ってきたとき暮しの手帖に届けた、と当時、電気製品売り場にいた久保田二郎（現、常務取締役）は言う。はやくカタログを届けて、失敗したのが、スウェーデン製の電気大工道具のセットだった。

そのカタログを見せたら、工作の好きな花森が、取りよせてほしいと言った。先方に注文したが、いまほど輸入のらくな時代ではなかったので、なかなか着かなかった。花森は怒りだし、それが届くまで君とは口をきかん、と言ったとたん、ほんとに口をきかなくなった。着くまで一年二カ月のあいだ、仕事で編集部に出向く久保田に、花森は顔をあわせても、隣にすわっても、まったく口をきかなかった。

それが着いたとき、久保田が届けたら、夕方、銀座の料理屋に連れて行き、床の間のある座敷の上座に久保田をすえて、どうもありがとう、と花森は礼を言って、ごちそうした。商売人は約束を守れ、というのが、花森が無言で教えたことだった、と久保田は言う。

花森は、物を買うのが好きだったし、また、暑いのや寒いのが嫌い、うす暗いのも嫌いで、そのうえ、我慢するのが嫌いだった。

よく物を買うから、いいものや便利なものを見分ける目を持っていたし、暑いのや寒いのが嫌いだから、暮らしを快適にする道具や機械に関心があった。その性能がよくなければ、我慢しないでメーカーに注文をつけた。食べることが好きだったから、おいしくないものに文句を言った。そういう面があった、と編集部員はいう。

いい物を買って、だいじに使う。それが花森の、物にたいする生活態度だった。

戦争中、大政翼賛会で、花森に靴のみがき方を教えられたのが忘れられない、という人がいる。靴墨がなくても、手のひらで、あったかくなるまで皮をなでてやるんだ、と花森は言ったという。

この靴のみがき方は、暮しの手帖の創刊号に花森が書いており、ここでは靴墨を使っているが、「靴を磨くコツは、顔をみがくやり方と同じである」と書いている。「靴ズミは、顔にクリームと同じように、ほんの少し、指先にとって、それを薄く靴の皮にのばしてやり、やわらかい布で、出来るだけ時間をかけて、繰りかえし、繰りかえし、撫でるようにして磨いてやる」

物は買ってからがだいじだ、と花森は編集部員に言い、新入社員にカメラを買ってくると、手入れの仕方をまず教えた。

「シェーファーのインク瓶」という文章がある（九十九号、昭和四十四年）。花森の、物についての好き嫌いを書いているのだが、そのなかに、つぎのようにある。

いちばん嫌いなのは、すぐこわれてダメになるものである。

ふいたり、みがいたり、洗ったりして、何年も何十年も大切に使いこんでゆくのが、なんともいえず好きで、そうして使いこんだ味がたまらないのだから、すぐこわれたのでは、まったくがっかりして、腹が立つ。

使い捨ての時代だ、などとシタリ顔をしている連中をみると、だから、心底からケイベツしてしまうのだ。……

もうひとつ、嫌いなのは、やたらに、いろんな飾りや、模様がついているもので、このごろは、ことにそういうのが横行している。……

……いま目の前の机の上にあるシェーファーの瓶も、好きでたまらないのである。……どこが気に入ったかというと、この瓶の中をみると、上のほうに、ちいさなポケットがついている。……使うとき、いちどさかさまにして、このポケットに、インクを一杯にする。そして、このポケットに万年筆の先を突っこむ。だから、新しいときも、万年筆を突っこみすぎて、指のあたるへんまでインクだらけにしないですむし、なによりうれしいのは、インクが底のほうになって、ふつうなら捨てようか、というときでも、……底のインクを上のポケットに集めると、すこし大げさにいうと、「最後の一滴」まで使えるのである。

メーカーの心意気、というものが、ここにある。……せっかく作ったもの、せっかく買ってくれたもの、どうぞ最後まで使ってほしい、という、相手に対する思いやりと、じぶんの商品に対する誇りが、ここにはこめられているのだ。

この話を、ある大きな会社の幹部に話したら、失礼ですが、そういうヨーロッパ式商法はもう古い、いまやアメリカ式の大量生産大量消費の時代ですわ、と来た。そして、味の素のフリカケ瓶の穴を大きくして、沢山使わせるようにしたのを、じつにすばらしいアイディアだというのである。自社の商品が札束にしか見えないような、その顔つきをみて、こんな連中が、ぼくたちの暮しをひっかきまわしているのか、ともうと、やりきれない気がした。

「水かけ論争」の勝利

商品テストから発展して、暮しの手帖は、「石油ストーブの火はバケツの水で消える」と主張して、消防当局と衝突し、新聞、テレビ、週刊誌をまきこんで、「水かけ論争」をまき起こした。花森は、専門家の権威や世間の常識にさからい、ときに挑戦した。

石油ストーブのテストで、燃えているストーブを倒して、その火を消すという経験を、編集部は積み重ねてきた。ほんものの家を一軒、たんすのなかにも戸棚にも、編集部員が集めた古着や古道具を詰めて、火をつけて燃やす「火事のテスト」もした。その家は、暮しの手帖研究室を建てたとき、そこにあったボロ屋を移築しておいたものだった。

そのうえで、六十回の消火テストをして、「石油ストーブの火はバケツの水で消える」と書いた（昭和四十三年二月）。首都圏と京阪神の電車の車内づりで、大々的にそれを広告した。「水と油」だから水をかけてはいけないという、それまでの世間の考え方とは、逆の主張だった。

東京消防庁は、「水は禁物、まず毛布をかけて、つぎに水」と指導していたから、メンツまるつぶれのかっこうになった。暮しの手帖を見るとムシャクシャする、あれは実験室内の小理屈だ、近く公開実験をやって、堂々と黒白を決する。そういう東京消防庁の談話が、新聞に載った。

水か毛布かの公開実験は、全国の消防を統括する自治省消防庁によっておこなわれた。

現場には、消防関係者、花森以下の編集部員、報道陣が集まり、花森はテレビ局のマイクに囲まれた。実験の火を消すのは、消防庁が依頼したしろうとの主婦四人。毛布と水それぞれ二十五回、二日間にわたる「大実験」だった。実験は、その方法をめぐって、暮しの手帖側がクレームをつけるなど、緊迫した雰囲気のなかで始まった。暮しの手帖編集部には、読者や各地の消防職員から、自分たちの経験をもとに、「がんばれ、水で消える」の電話や電報がきていた。

この最中に、静岡県下で金嬉老事件が起き、新聞記者は本社へ呼びもどされた。金は「日本人は朝鮮人にあやまれ」と要求した。

実験一週間後に出た消防庁の正式報告は、水に軍配をあげていた（ただし、天ぷら油の火に水は禁物）。花森は喜び、この日が二月二十九日だったので、四年にいちどの記念日にしようや、と編集部員に言ったほどだった。石油ストーブからの火事を、自分で消す。その方法で、専門家に挑戦したのだった。

「国鉄・この最大の暴走族」では、新幹線の「スピード論争」をまき起こした。沿線住民への騒音を解決できないで列車を走らせている国鉄（現在、ＪＲ各社に）は、「暴走族と変わらない」と、花森はヤリ玉にあげた。

新幹線は、デパートのおもちゃ売り場を走っているのではない。生きて暮らしている人間の住んでいるところを、走っているのだ。その騒音につらい思いをしている人がいるのだから、騒音を取りのぞく技術がないなら、まずスピードを落として、その技術を研究し、だいじょうぶとなったときに、スピードをあげればいい。

「国鉄よ。あなた方は、いま、戦争が終って三十年たったいま、昔とおなじように、私たちの暮しを、必死に生きているその暮しを、一にぎりの人間の〈メンツ〉、一つの企業体の〈メンツ〉に、公共的使命というお面をかぶせて、平然と踏みにじろうというのですか」。

花森は、そう書いた（昭和五十年七月）。

もうひとつ、新幹線のキロ数が、東京―博多間で、在来線より百七キロも短いのに、おなじ運賃なのは、どういうことか。市販の時刻表にある新幹線のキロ数は、実測と違うその数字だ、とも書いた。

この一文は、当時の国鉄再建懇談会で取りあげられ、新聞が書き、国鉄副総裁が花森に答える、というおおきな反響を起こした。

写真帖から

編集長花森安治は、なんでもできた。衣も食も住も、それに、写真も絵も文章も、その編集も広告も、自分の手でやった。ぼくみたいな人間はいないんだと、いばっていた。上はルームクーラーのテストをチェック、下は三越・飛騨高山展の看板の製作中。

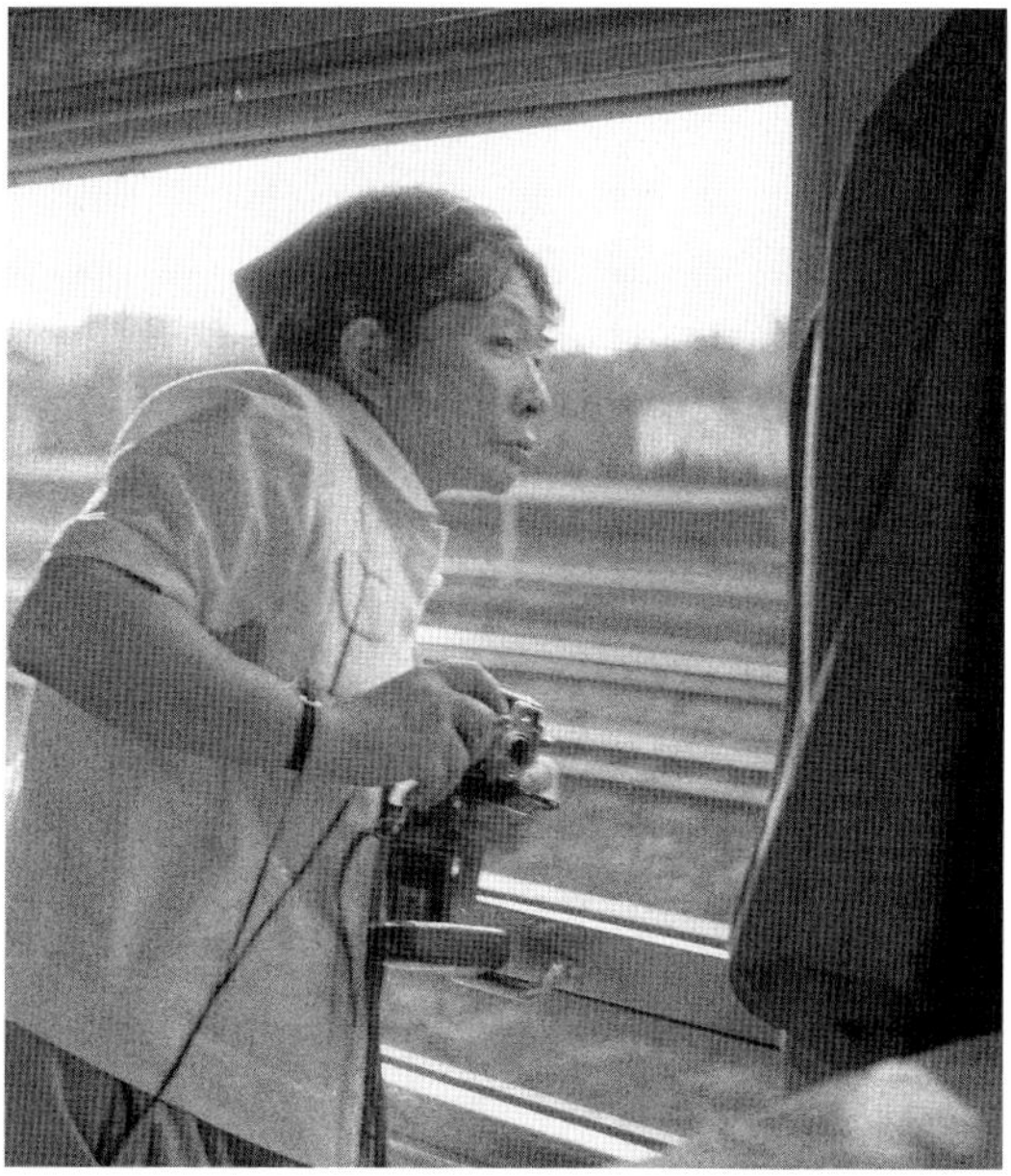

なんでもできたから、思うぞんぶん仕事をした。死ぬ間際まで、原稿の青ペンか校正の赤ペンを握っていたい、と書いた。さいごの原稿が校了してから、一日だけ休んで、翌未明に死んだ。上は調理器具テストの相談、下は取材先へ向かう車中で。

企業ではざるそば一枚ごちそうになることも禁止したが、農村漁村の取材では、出された手料理を、ぼくはいただこう、と身をのり出して、まっ先にムシャムシャ食べた。上は北海道のサケの取材。下は「日本紀行」の取材で学生時代を過ごした松江へ。

昭和21年、銀座の日吉ビルに衣裳研究所を設立、「スタイルブック」を創刊したころ。上は、服飾デザイン講座の会場で。下は、ある一日——帽子、ストライプのシャツ、タバコ、おしゃれだった。

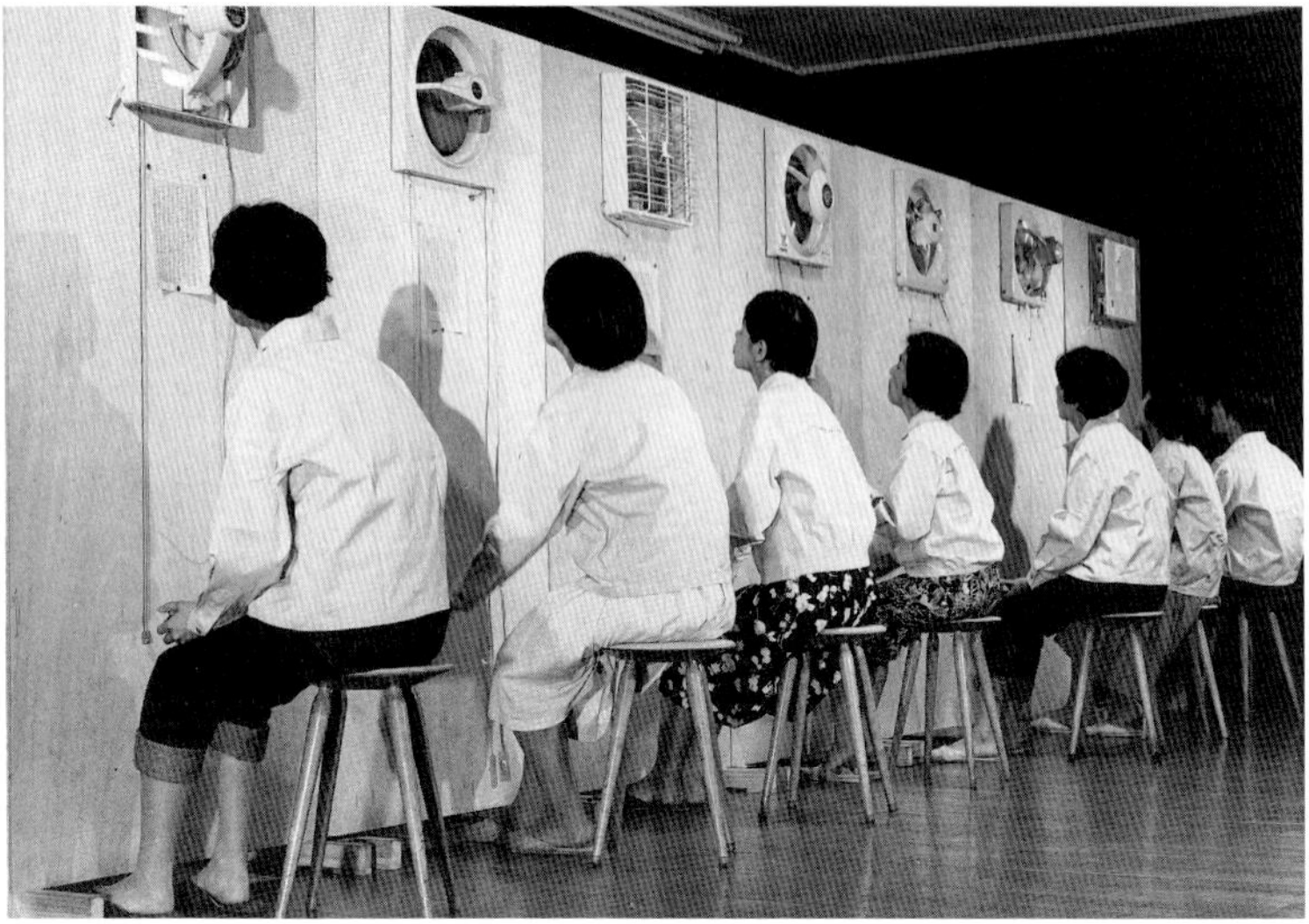

人のやらないことをやれ、と言い、みずから商品テストの先駆者になった。人様が命がけで作っているものを批評するのだから、商品テストは命がけだ、と編集部員を叱咤した。テストを失敗したらこの雑誌はつぶれるんだ、とどなり、その雑誌を九十万部にもっていった。日本の高度経済成長の時期だった。

商品テストは、かぞえる、はかる、くりかえす、やりなおす、という、しろうとの愚直な実証主義の積み重ねだった。その上で、商品のいい、わるいを、はっきり書いた。雑誌には、外からの広告をひとつも載せず、批評の自由を守り抜いた。右ページから、換気扇、フライパン、扇風機、電気掃除機のテスト。

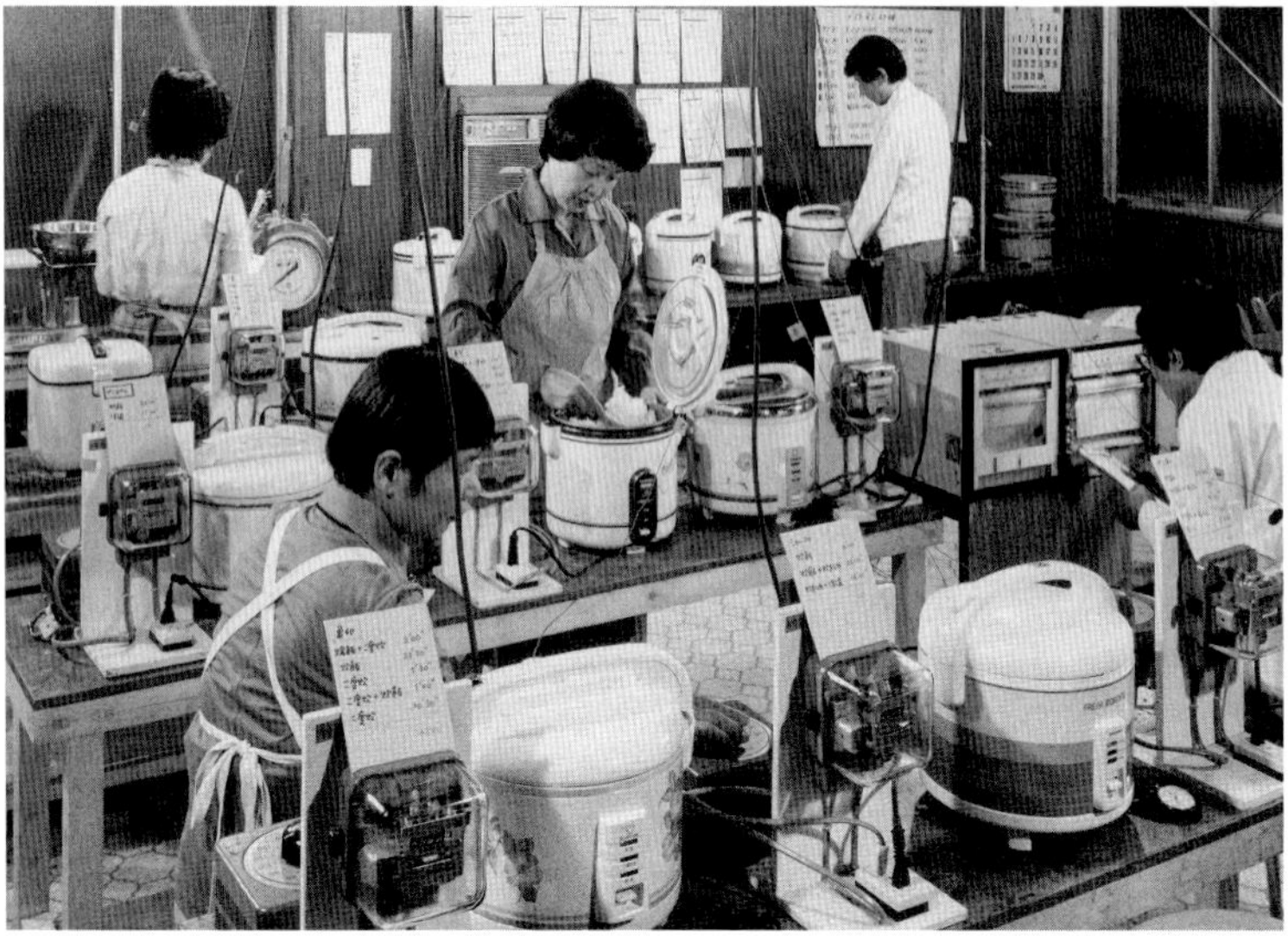

写真上は電気炊飯器のテスト。石油ストーブの水かけ論争（写真下）や新幹線のスピード論争で権威に挑戦した。
編集会議では、経理や販売の担当者も運転手もプランを出した。さいしょにインスタントラーメンを提案したのは、運転手だった。
左ページ上は編集会議（銀座の旧本社で）、下は編集部の中心、台所と食堂。

あなたは
暮しの手帖を
読んでいますか

神戸に生まれ、神戸三中から一年浪人して松江高校を経て、東京帝国大学文学部に進学した。美学専攻だが、帝国大学新聞編集部員として活躍。一年よけいに在学して、卒業したのは日中戦争が始まった昭和十二年だった。その年、徴兵検査で甲種合格。機関銃中隊に所属して、旧満州の松花江と牡丹江が合流する小さな町にいた。共産軍討伐に、ヘトヘトになるまで歩かされた。

岩波文庫を三冊、ハンチントンの『気候と文明』、シャミッソーの『影を失くした男』、それに『竹取物語』を持っていた。

子どものころから、国は守らなければならないものと教えられ、「決然起って祖国の難に赴く」といった言葉に悲愴な美しさを感じていた。国を愛していた。

しかし、このときの兵隊経験から、のちに著書の題名になる「一戔五厘」の言葉が生まれた。写真は軍隊時代。

結核になり、病院船で帰国。陸軍病院で治療ののち、昭和十五年に発足した大政翼賛会の宣伝部に入った。戦意高揚と生産増強の国策宣伝に、戦時標語の普及やポスターの制作、時局解説の小冊子の編集、また幼いときに馴染んだ宝塚歌劇の脚本書きなど、なんでもやった。

写真上は宝塚劇場の舞台であいさつ（マイクの前）、下は国民服姿で友人の杉山平一氏と銀座で。いずれも翼賛会時代。

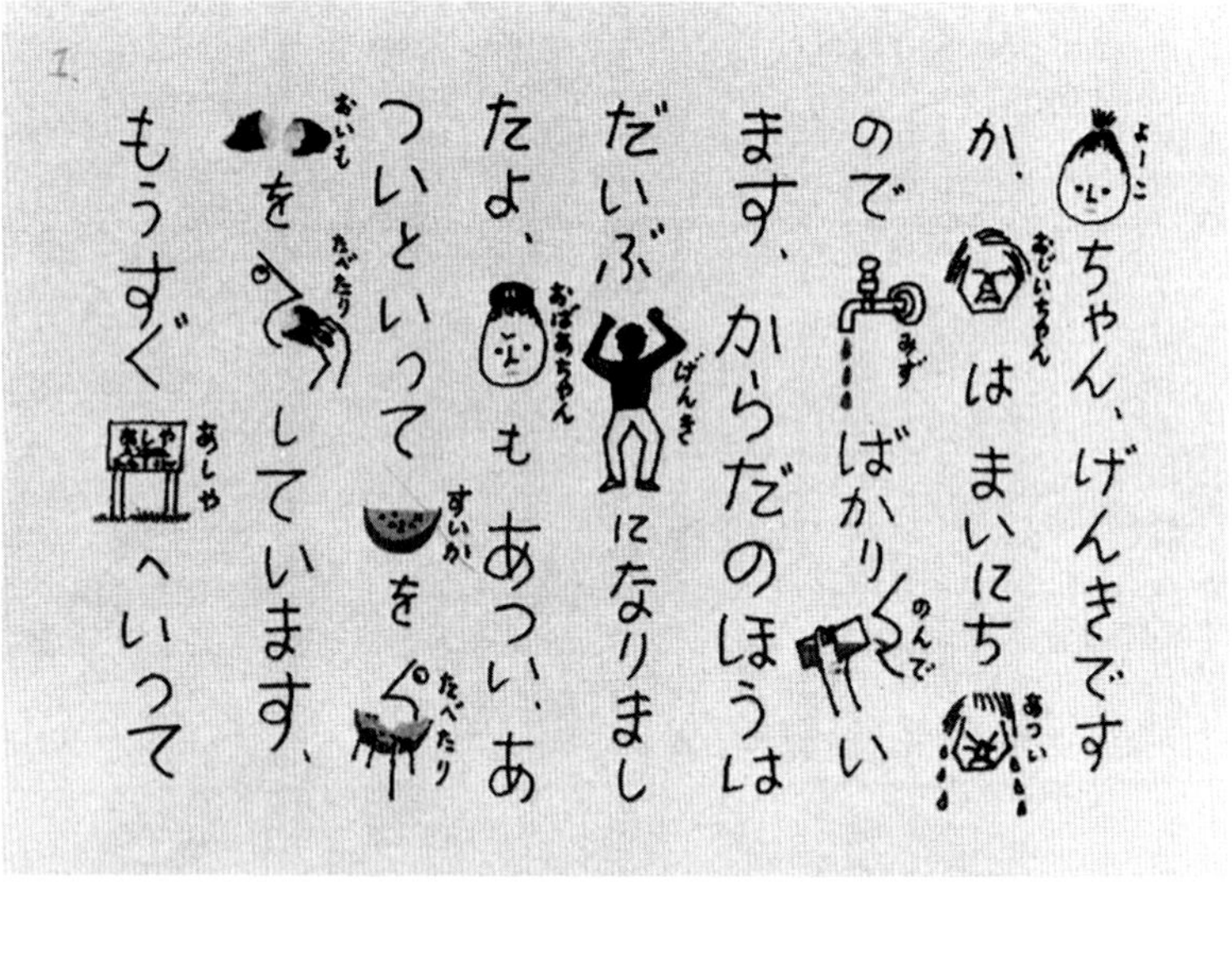
1.
よーこちゃん、げんきですか、おじいちゃんはまいにちあついのでみずばかりのんでいます、からだのほうはだいぶげんきになりましたよ、おばあちゃんもあつい、あついといってすいかをたべたりおいもをたべたりしています、もうすぐあしやへいって

写真右ページ上から、松江高校の青春時代。前列中央で両手をひろげている。
西宮に住んでいた孫への、夏休みの絵手紙。原文はきれいに色がついている。（一九七〇年頃）
左上から、暮しの手帖研究室でのマグサイサイ賞受賞祝賀会。右側は大橋鎮子さん、左側は横山啓一氏。

反戦の特集、
昭和43年8月

創刊、
昭和23年9月

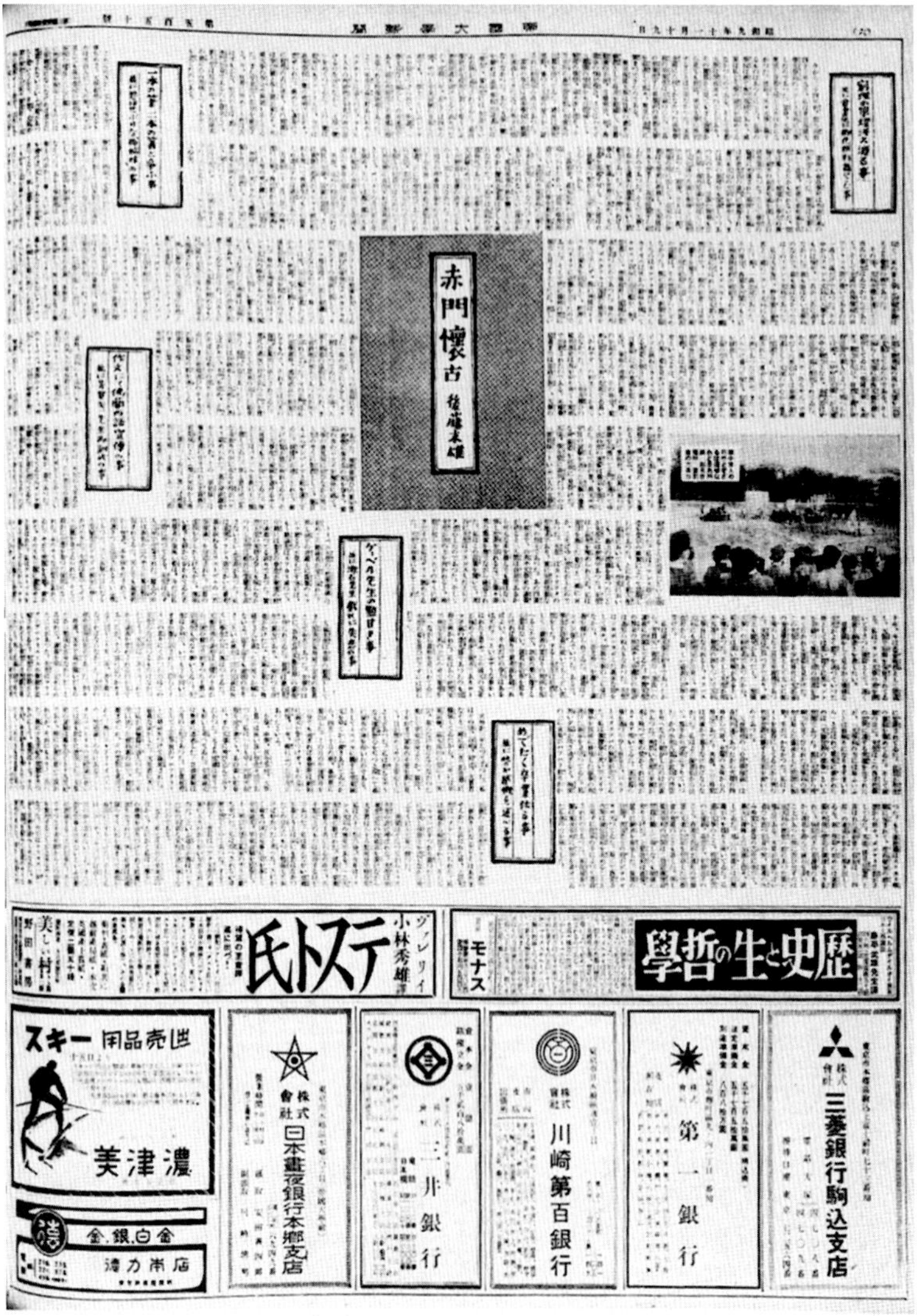

彼の特徴をよく表す帝国大学新聞のレイアウト。昭和9年11月19日

戦争に協力したことを忘れずに戦後を生きたジャーナリストだった。これからは絶対に戦争の片棒をかつがないと、活字を信じ、ペンは剣より強いんだと信じて、文字・言葉・文章をみがき、それを貫いた。

さいごまで使っていた仕事机（写真下）は、翼賛会時代、ともに戦時ポスターを制作した報道技術研究会の机だった。なんども塗りなおした跡がある。

暮しの手帖研究所に掲げられた「一戋五厘の旗」

一戋五厘の気概

戦争についての発言

昭和四十四年、暮しの手帖は、創刊百号を迎えた。その準備にかかった真冬の二月、花森安治は、出張先の京都のホテルで、夜、おもい心筋梗塞におそわれた。九年後の死のまえぶれだった。

この年の前後から、花森は、戦争にたいして、積極的に発言しはじめた。倒れる前年の四十三年八月、暮しの手帖を一冊まるごとつぶして、「戦争中の暮しの記録」を特集した。

これを境に、花森は、「戦場」「武器をすてよう」「国をまもるということ」「無名戦士の墓」「見よぼくら一戔五厘の旗」などを、つぎつぎに書いた。

これらの文章と、過去に暮しの手帖に書いたものから選んで、四十六年十月、『一戔五厘の旗』を出版した。花森の還暦の年だった。

翌年、『一戔五厘の旗』は、読売文学賞を受けた。

七〇年安保（昭和四十五年）をはさんだ時代だった。荒れるデモ隊と機動隊の衝突、学生による大学封鎖、警官隊の導入などが、くりかえされた。企業による公害や農薬汚染が、広がっていた。高度経済成長が十年続き、日本は経済大国になりつつあった。

「戦争中の暮しの記録」は、全国の読者から寄せられた千七百編の手記から、百四十編を選んで特集したものだった。

花森は、その「まえがき」に書いている。

戦争の経過や、それを指導した人たちや、大きな戦闘については、ずいぶん昔のことでも、くわしく正確な記録が残されている。しかし、その戦争のあいだ、ただ黙々と歯をくいしばって生きてきた人たちが、なにに苦しみ、なにを食べ、なにを着、どんなふうに暮してきたか、どんなふうに死んでいったか、どんなふうに生きのびてきたか、それについての、具体的なことは、どの時代の、どこの戦争でもほとんど、残されていない。

その数すくない記録が、ここにある。

戦後は二十年以上、過ぎていた。読者から、これほどおおくの原稿が寄せられるとは、花森も編集部員も、予想していなかった。絵日記も、防空ずきんも、もんぺも、配給切符も、送られてきた。発行一年まえに応募をしめ切ったが、おおすぎて、しばらくは整理に手がつけられないほどだった。

雑誌一冊のぜんぶをひとつのテーマで、しかも戦争体験の記録で埋めるのは、冒険だった。花森は、「どうしても、こうせずにはいられなかった」と、「あとがき」に書いている。大橋鎮子は、冒険だが、単行本にするより通常の暮しの手帖にしたほうが、いつもどおりの雑誌一冊分のおおきい新聞広告が出せる、と考えた。

編集部員は手分けして、大都市の本屋を回った。戦争の記録以外、なにも載っていない暮しの手帖を見て、思い出すのもいやだ、と買わずに帰る客もいた。

しかし、百十六万部、売れた。暮しの手帖の記録だった。一年後、単行本になり、さらに十三万部売れた。

「戦争中の暮しの記録」には、疎開学童が、飢えて、お手玉のなかの大豆を、便所にかくれて、一粒一粒なめるように食べた、と書いている。絵のじょうずな上級生に、まんじゅうや、カステラや、アイスクリームなど、食べものの絵を描いてもらって、だいじに自分の荷物にしまい、毎日、それを取りだして眺めた、というのもある。

花森は、その戦争のとき、大政翼賛会宣伝部にいて、少女歌劇の脚本に、「長い戦争だから、もっと明るく、もっと元気に」と歌う子どもたちを書いた。だが、じっさいの戦争は、そうではなかった。

「戦争中の暮しの記録」を企画したきっかけのひとつは、花森が若い編集部員と話していて、「疎開」という言葉が、うまく通じなかったことにある。そんな所に行かなければいいじゃないか、という疑問が若者にあったという。戦争は、伝えられていなかった。「疎開」は、「敵襲・火災などによる損害を少なくするため、集中している人や物を分散すること」と、国語辞典に載っているだけになってしまった。

寄せられた手記には、誤字、脱字、旧仮名づかいなど、はじめて文章を書いたと思われるものが、すくなくなかった。「不幸にして義務教育もろくに行かず、字を知らず此の様な物を書くのは、しつれひと思いましたが、あまりにも苦労したので少しでも心に光りをと書きました」と付記して、買い出しと、警官の取り締まりと、敵機襲来のみじめさを、こまごまと書いた明治生まれの主婦もいた。意味がとれるかぎり、原文のまま、誌面に載せた。

花森は、自分の雑誌で、戦争を正面から見つめるのに、戦後二十年の時間と、なにがしかの決意が必要だったろうし、「こうせずにはいられなかった」責任もあった、と思われる。花森の「ざんげ」だと見る人もいる。

花森は、投稿をぜんぶ読んだ。「読みながら〈まいった〉と思いました。まぶたが熱くなって、目の前がボーッとしてきて」。花森は、そう語っている（新潟日報、「薄れゆく戦争体験」、昭和四十三年八月十二日）。

戦後二十年たっても書かずにはいられなかった、つらかった戦時体験の記述を目のまえにして、花森は、自分が一生けんめいになった戦争の、暮らしへの広がりと、そのみじめさを見届けたと思われる。

そのインタビューのなかで、戦争体験を伝えることについて聞かれ、花森は、伝えられなかったのだと、つぎのように答えている。

それは自分たちの体験が罪の意識にかわってしまったからです。私にしても戦争中は三十代だったが、自分のしていることは……崇高なことだと信じていたし、それだからあの時代に生き抜いてこられたわけです。ところが戦争が終わったとたんに、すべての価値はひっくり返ってしまった。戦争に行ったのが悪であり、隣組の班長をしたことが、いやな目で見られた。戦時中、軽井沢あたりでのうのうとしていた知識人が、そういう見方をあおった。……また戦争に負けたというショックも大きいし、自分の生き方がどこまで正しく、どこが悪いのかの価値判断もつかない。そこで男はだまってしまったのです。（同前）

花森は、この特集号の編集に、持っている力をすべて注ぎこんだ。「この編集に悔いなし」と、花森は新聞記者に語った。

一戋五厘の旗

その一年後、「国をまもるということ」と題して、花森は国と自分との関係を書いた（昭和四十四年）。七〇年安保の前年のことだ。

……小さいときから、なんとなく、〈くに〉は守らなければならないもの、とおもいこまされていた。なぜ守らなければならないのか、先生も親も、だれも教えてくれなかったが、〈くに〉を守るということは、……わかりきった、当然のことだった。

中学生のころは、〈決然起って祖国の難に赴く〉といった言葉に、なにか悲壮な美しさを感じた。

……学校を出ると、とたんに徴兵検査があって、甲種合格になった。……前線へもっていかれた。

あげくのはてに、病気になって、傷痍軍人になって、帰ってきた。

花森が言おうとしているのは、自分と国とのあいだの貸し借りのことだ。こんどの戦争で、自分だけでなく、おおくの人が、〈くに〉に貸したはずだ。その日本という〈くに〉は、いま国民総生産世界第二位になって、おおきな顔をしているが、〈くに〉に貸したおおぜいの人たちに、一銭も返していない。戦後も、税金をまけてもらったことはないし、自分の仕事に一銭も補助金をもらっていない。

こんどの戦争で、これだけひどい目にあいながら、また、祖国を愛せよ、〈くに〉を守れ、といわれて、その気になるだろうか。

その気になるかもしれない。

ならないかもしれない。

この翌年、「見よぼくら一戔五厘の旗」を書いた（同四十五年十月）。安保の年だ。

戦争は　もうすんだのだ／もう　ぼくらの生きているあいだには　戦争はないだろう

……あの数週間　あの数カ月　あの数年／おまわりさんは　にこにこして　ぼくらを　もしもし　ちょっと　といった／あなたはね　といった／ぼくらは　主人で

おまわりさんは　家来だった／……これからは　文化国家になります　と　総理大臣も　にこにこ笑っていた／文化国家としては　まず国立劇場の立派なのを建てることです　と大臣も　にこにこ笑っていた／……ぼくらは主人で　大臣は　ぼくらの家来だった……

もう〈文化国家〉などと　たわけたことはいわなくなった／そのかわり　高度成長とか　大国とか　GNPとか　そんな言葉を　やたらに　まきちらしている／物価が上って　困ります　といえば／その代り　賃金も上っているではないかといい……／住宅で苦しんでいます　といえば／愛し合っていたら　四帖半も天国だ　といい……／自衛隊は　どんどん大きくなっているみたいで　気になりますといえば／みずから国をまもる気慨《ママ》を持て　という／……政治がわるいのか／社会がわるいのか／マスコミがわるいのか／……もしも　それだったら　どんなに気がらくだろう／……わるいのは　あの　チョンマゲの野郎だ／あの野郎が　ぼくの心に住んでいるのだ……

さて　ぼくらは　もう一度／倉庫や　物置きや　机の引出しの隅から／おしまげられたり　ねじれたりして／錆びついている〈民主々義〉を　探しだしてきて　錆びを

おとし　部品を集め　しっかり　組みたてる／民主々義の〈民〉は　庶民の民だ／ぼくらの　暮しを　なによりも第一にするということだ／ぼくらの暮しと　企業の利益とが　ぶつかったら　企業を倒す　ということだ／ぼくらの暮しと　政府の考え方がぶつかったら　政府を倒す　ということだ／それがほんとうの〈民主々義〉だ……
　今度は　どんなことがあっても／ぼくらは言う／困ることを　はっきり言う／人間が　集まって暮すための　ぎりぎりの限界というものがある／ぼくらは　最近それを越えてしまった／それは　テレビができた頃からか／新幹線が　できた頃からか／電車をやめて　歩道橋をつけた頃からか／とにかく　限界をこえてしまった……／ひとまず　その限界まで戻ろう／戻らなければ　人間全体が　おしまいだ／企業よ　そんなにゼニをもうけて／どうしようというのだ／なんのために　生きているのだ……

花森はそう書いて、「ぼくらは、ぼくらの旗を立てる」と、暮しの手帖研究室の屋根に、ぼろきれをつなぎ合わせた「一戋五厘の旗」を立てた。
「一戋五厘」という表題は、花森の軍隊体験からとられている。星一つの二等兵のとき、教育掛の軍曹が、「貴様らの代わりは、一戋五厘で来る。軍馬はそうはいかんぞ」と、どなった。当時のはがき代一戋五厘で、兵隊はいくらでも集められる、という意味だ。

そうか　ぼくらは一戋五厘か／そうだったのか／〈草莽の民〉／〈陛下の赤子〉／〈醜の御楯〉／つまりは／〈一戋五厘〉……

その兵隊体験については、花森は他の文章でも書き、語ってもいる。

たとえば、「1ケタの保険証」（昭和四十五年五月）で書いている。自分は機関銃中隊にいて、旧満州の松花江と牡丹江が合流する地点、依蘭《イーラン》というちいさな町で、共産軍の討伐をやらされたこと。岩波文庫を三冊——ハンチントンの『気候と文明』、シャミッソーの『影を失くした男』、それに『竹取物語』を持っていたこと。真夜中、連隊旗衛兵として、部隊本部のドアの外側に、ひとり着剣して立ち、真上の裸電球の下で、ポケットからシャミッソーを出して読んだこと、などだ。

「リリスプレスコット伝」（同三十八年五月）でも、書いている。小興安嶺山脈の中を、昼も夜も、夜はなかば眠りながら、歩いた。家に帰りたかった。東横線の田園調布と自由が丘のあいだの、通勤の車窓から見た、らんまんと咲く桜の風景が、どういうわけか、小休止で道端に倒れこんで仰いだ夜空に浮かんだ、などだ。

松田道雄との対談「医者と兵隊と戦争と保険と」（同四十六年十月）では、花森は、将校と兵隊をいっしょにして軍隊を語る戦中派を、我慢ならないと言い、虫ケラ同然だった兵隊の「怨念」を語っている。

松田が、戦争体験というのは、被害だけか、お前たちも加害者ではなかったかが問われている、と言うのにたいして、花森は、加害者だと言われれば二の句はないけれども、それだけに「怨み」が腹の底にたまっている、と答えている。

しかし花森は、もうひとつの戦争体験であるはずの、大政翼賛会時代については、まったく沈黙している。沈黙を決意しているようにさえみえる。相手にそこを聞かせない、という身構えが花森にあった、と言う人もいる。

『一戔五厘の旗』が出版されたとき、週刊朝日が、「花森安治における一戔五厘の精神」をトップ記事にした。取材したのは、同編集部の平栗清司（現、朝日新聞東京本社総合企画室）だった。平栗は、大政翼賛会時代と「一戔五厘」のつながりを、どうしても本人に質問したかった。編集会議では、そこを花森に聞くと取材がぶちこわしになるんじゃないか、とあやぶむ意見が出た。同行のカメラマンは、質問するなら、写真をぜんぶ撮りおわってからにしてくれ、と平栗に言った。平栗は、結婚のとき、週刊朝日編集長から、暮しの手帖一年分をお祝いに贈られていた。だが、花森に会うのは、はじめてだった。

四、五時間の取材のさいごに、大政翼賛会について質問したとき、花森は表情を変えず、「君は、そこを聞いてくると思ったよ」と言って、つぎのように答えた。

ボクは、たしかに戦争犯罪をおかした。言い訳をさせてもらうなら、当時は何も知らなかった、だまされた。しかしそんなことで免罪されるとは思わない。これからは絶対だまされない。だまされない人たちをふやしていく。その決意と使命感に免じて、過去の罪はせめて執行猶予にしてもらっている、と思っている。（週刊朝日、昭和四十六年十一月十九日号）

たかが翼賛会にいたくらいで、「戦争犯罪」とはおおげさすぎる、と言う人もいるが、この談話は、花森が、翼賛会時代と戦後の志とのつながりにふれた、ほとんど唯一のものだ。知らなかった、だまされた、というような言い訳は、花森がもっとも言いたくないものだったろう。仕方がなかったとはいえ、いつも強気の花森には、それは恥ずべきことであるはずだ。花森が、大政翼賛会で戦争に協力した部分について、口を閉ざしていたのは、やはり、それにこだわっていたからではないか。

この特集記事に、花森の仕事を見つづけてきた、「たいまつ」の主宰者・むのたけじの談話が載っている。

花森さんと同じ一九一〇年代生れの経験から判断するのだが、花森さんのこじき旗は二重の復讐ですよ。だました錦の御旗と、それにだまされた自分自身とが串刺しにされているのではないでしょうか。

花森は、書いている。

生れた国は、教えられたとおり、身も心も焼きつくして、愛しぬいた末に、みごとに裏切られた。もう金輪際、こんな国を愛することは、やめた。（朝日新聞、「わが思索わが風土」、昭和四十七年六月十七日）

愛した、裏切られた、と、このようにまともに書くこともめずらしいが、花森は、おおくの人びととおなじように、正直に国を愛した。そして、だまされた、裏切られた。暮しの手帖は、自分が二度とだまされないための、また、だまされない人をふやしていくための、武器だった。花森の思想は、既成のイデオロギーではなく、経験のうえに獲得されたものだった。

「見よぼくら一戋五厘の旗」が雑誌に載ったとき、朝日新聞の論壇時評で、坂本義和はこれをおおきく取りあげ、「経済大国日本」にたいする内側からの抵抗だと書いた。「庶民の生活の次元での人間性喪失に対する抵抗」であり、「一体われわれがつくろうとしてきたのは、どんな国だったのか。国民はそう自問せざるを得ない地点に立たされている。戸まどいと腹立たしさとの織りまざった、こうした庶民の心情をみごとに歌った」と評価した（昭和四十四年十月）。

単行本の『一戔五厘の旗』が出版されたとき、おなじ論壇時評で久野収が、ことしの収穫の一つにあげた（昭和四十六年十二月）。

読売文学賞に選ばれたとき、選考委員の丹羽文雄は、「まともな生活感覚に裏打ちされたものは、強い。このごろは口先だけで良心的な、進歩的なことをいうひとが多いが、この作者は決して口舌の徒ではない」と評した（読売新聞、同四十七年二月）。

評論家の青地晨は、「この本には、まっとうな怒りがあふれている……。……それは正業を営み、重い税金を負担しながら、なんの見返りももらっていない、平々凡々な庶民たちのまっとうな怒りなのである」と書いた（「教育ジャーナル」、同四十七年二月）。

『一戔五厘の旗』が受賞したとき、グアム島に二十八年間ひそんでいた陸軍伍長・横井庄一が、日本に帰ってきた。花森は、新聞記者に談話を求められ、「感傷的にならざるをえない」と涙声になった。

読売文学賞を受けて、花森は喜んだ。花森が好きだった井伏鱒二といっしょの受賞だったことが、よけいうれしかったらしい。

自分の本の新聞広告を、自分で書いた。


お礼申し上げます。うれしくて仕方がありません。人並以上にうぬぼれのつよいぼくですが、こんなにいろいろ身にすぎた評判をいただき、かたがた安くもない本をみなさん買って読んでくださる、まさかここまでとは思いもよりませんでした。身にすぎたことでした。


受賞の祝いの会で、花森は、「このごろの若いジャーナリスト諸君は、はじめからペンが降参している」と、会場のジャーナリストを叱咤した（読売新聞、同年三月十六日）。

朝日新聞のシリーズ「わが思索わが風土」のなかでも、花森は、「ペンと剣」について、つぎのように書いた（同年六月十七日）。

〈ペンは剣より強し〉という言葉がある。中学生のころ、はじめて知って、いいな、とおもった。新聞記者か編集者になる、と母親にいったのも、この言葉が下敷きになっての気負いがさせた業かもしれない。

しかし、大人になるにつれて、この勇ましい言葉は、だんだんと神通力を失って、そらぞらしい感じになってきた。……

このごろ、おもうことは、明治以来、日本の新聞が、この社会に果してきた役割のプラスとマイナスを、このへんで、一度決算表にしてみたら、ということである。……マイナスの点を、戦後にかぎっていうと、ぼくとしては、どうしても、終戦直後の国語改革に、新聞がほとんど正面切った批判もしないで、これに従ってしまった、ということを第一に上げたい。

そして、戦後だけでなく、明治以来、新聞のやってきた最大のマイナスは、といわれたら、やはり、こんどの戦争を、ついに防ぐことができなかった、そのことではないだろうか。

ぼくに至っては、戦争を防ぐどころか、一生けんめい、それに協力してきたのだ。それだけに、若いころのぼくと、おなじようなことを、いまの若いジャーナリスト諸君が、ちらっちらっとやっている、それを見聞きするのが、つらい。

暮しの手帖の編集会議で、花森がなにかのことで怒りだし、激して、「ペンと剣」にふれてゆくところが、録音テープに残されている。録音の日時は、わからない。以下、その部分を再現する。花森は、ときに、どなるようにしゃべっている。

「……もうちょっと、文章をじょうずになれということだ。ジャーナリストは、言葉を軽蔑しておったんでは仕事にならんぞ。自衛隊はどんどん訓練しとるわ。武器の使い方から、人間の動かし方から。われわれは、なにを訓練しておるんだ。

われわれの武器は、文字だよ、言葉だよ、文章だよ。それについて、われわれはどれだけ訓練しているか。それで言葉はむなしい、文章は力のまえによわい、なんて平気で言うんだ。ぼくは、そう思わんよ。

ぼくはやはり、ペンは剣に勝つと思うんだ。思っているだけじゃ、だめだ。剣が訓練している何倍も、ペンもトレーニングしなくちゃ、だめなんだ。

世間がぜんぶ、もはやペンは無力であると言っても、ぼくはジャーナリストだから、それを信じないんだ。一生かかって剣に勝つことができなくても、ぼくはやはり、剣よりペンを信じるんだ。

信じない人間が、どうして勝つことができるか。信じていたって、トレーニングをしたって、勝つかどうかはわからん。しかし、われわれは、信じるほかに道はないんだ。

あまっちょろい、きざな文章を書いていて、それで世の中が動くと思うのか。相手の肺腑をえぐるということは、ピストルにはできんぞ。言葉はそれができると、ぼくは思う。その力を諸君が信じなければ、この仕事も無意味だ。

武力は、青春を投入し、欲望も投入し、それひとすじでやっている。おもしろおかしく世の中を渡って、しかも剣より強いペンを作ることができると思うのか。……」（それでは編集会議に入る、という言葉で、テープは終わっている）

読売文学賞とおなじ年に、花森の仕事は、フィリピンのラモン・マグサイサイ賞を、ジャーナリズム部門で受けた。理由は、「日本の消費者、とくに主婦の利益、権利および幸福を力強く主張した」というものだった。授賞式には出席できなかった。賞金約百万円を、花森は、フィリピンの消費者運動のために贈った。

死の予兆

すこし時間をさかのぼって、花森の病気のことを書いてゆく。昭和四十四年二月、花森は、大橋といっしょに、親しい評論家の松田道雄を京都の自宅に訪ねた。創刊百号の編集が、始まったところだった。雑誌はやがて「2世紀」に入る。大橋によると、花森は、こんごの編集に、京大系のユニークな学者たちの知恵を借りたいと、松田にその相談をするつもりだった。ところが、話はべつのほうにはずんで、終わった。

寒い日だった。京都のホテルで、夜十時すぎ、大橋の部屋の電話が鳴った。花森が、苦しいよ、苦しいよ、とあえいで言った。大橋はあわてて、まっくらな部屋のなかで壁にぶつかり、はだしで、花森の部屋へとんで行った。花森は肩をおさえて、痛い痛い、あんまがもみこじらした、と言った。大橋は、花森さん、心筋梗塞ですよ、動いちゃだめですよ、と叫んだ。花森は、バカヤローと怒った。

その前年、朝日新聞の論説主幹をした笠信太郎が心筋梗塞におそわれたとき、大橋は医者といっしょに笠の自宅へ行った。そのとき医者から、肩をおさえて痛い痛いと苦しがるのは、心筋梗塞だ、と聞いていた。いま、目のまえの花森が、そのとおりだった。

明け方、ホテルの呼んだ医者がきて、心筋梗塞と診断した。京大の医者も、松田もきた。きょう一日がヤマだ、という状態だった。ホテルから動かさないことに決めた。花森は、指一本動かしてもあぶない、と医者に言われた。

ヤマは越えたが、このときから約二カ月、花森はホテルにかんづめになった。隣の部屋に医師たち、反対側の隣に家族と編集部員が付いた。百号は原稿も写真も資料もぜんぶ、編集部員が新幹線でここへ運び、花森の部屋が臨時の編集部になった。花森が倒れたことを外へもらさないよう、大橋は厳重に口止めをした。百号で花森が暮しの手帖をやめる、というわさが出ていたからだった。

花森が、遺言を言いたいからテープレコーダーを持ってきてくれ、と大橋に言った。持って行くと、君はむこうへ行っててくれ、と言うので、大橋は部屋を出た。花森がなにを吹きこんだのか、知らない。後日、花森が、そのテープをしきりに探していたので、どこかへ行ってしまったらしい。

これを境に、花森の日常はすこしずつ変わった。商品テストの記事も、このときから、編集部員が書いた原稿を直すだけになった。自分の署名原稿は、テープレコーダーに、「テン」「マル」も入れて吹きこむこともあった。町や人を訪ねて取材に出ることが、ほとんどなくなった。たばこをやめた。好きな大福もちや、きんつばを、我慢するようになった。心臓にわるいので、どなることが減った。

文藝春秋の池島信平が、大橋に、こう言ったことがある。花森君は、なんでもかんでも仕事を自分でかかえているが、それではみんなが仕事を覚えない。なにかあったとき、困るのではないか。若い人にもっと仕事を任せて、花森君も、ぼくみたいに外国へ行って、なにかあたらしいものを見つけてくるとかすればいい……。それは、池島の親切な忠告だったし、大橋が気にしていたことでもあった。

大橋が池島の話を伝えると、花森は激怒した。ぼくは毎日、ここにいるじゃないか。ぼくが手本だ。だから、ぼくから、なんでも取ればいいじゃないか。編集者というものは、それくらい欲ばりじゃなければ、育つものじゃないんだ。なにを言うか。

べつのとき、花森は、いまも現役でいる自分を池島はうらやましいと思っているんだ、と大橋に言ったという。

花森は、仕事を若い人たちに任せて、自分はらくに過ごすという気は、すこしもなかった。「ぼくは、ジャーナリストの端くれである。死ぬ間際まで、原稿の青ペンか、校正の赤ペンを握っていたい、とおもいさだめている。死ぬまで〈修羅の巷のまっただなか〉でのたうちまわる、それが業《ごう》と見きわめている」と書いている（「未来は灰色だから」、昭和四十七年十二月）。

しかし、商品テストという実証主義でメーカーに立ち向かったのとは違って、国や世の中は、花森のペンにもかかわらず、しだいに、花森をいらだたせる方向に進んだように思われる。花森は、なかば絶望したように、ときには感傷的に、書いている。

朝鮮戦争やベトナム戦争や、東南アジアの途上国をダシにして、大企業はふとり、日本は豊かになり、それがわれわれの幸せにつながるというが、公害がひろがり、緑は失われ、庶民は家一軒建てられない。そう書いて、花森はつぎのように言う。

ぼくらは……／もう一ど　あの焼け跡に立ってみよう／あのとき　工場に一すじの煙りもなく　町に一点のネオンサインもなかった／あのとき　ぼくらに　住む屋根はなく　まとう衣はなく　口に入れる食物はなく　幼い子に与える乳もなかった／ぼくらには　なんの名誉もなく……なんの財産もなかった／ぼくらだけは　狂った繁栄とわかれて　そこへ戻ろう（「二十八年の日日を痛恨する歌」、昭和四十八年八月）

……政治家よ／あなたのこころのなかから　急速に　失われていったものを　知っているか／それは〈いたわり〉だ／あなたは　あなたといっしょに　生きて　暮している人たちへの　いたわりを　忘れてしまった／じぶんだけの損得と　名聞にとらわれて　あなたといっしょに生きて暮している人たちの　苦しみを　平気でふみにじっている／ぼくらは　ほとんど　あなたに　絶望しようとしている（「みなさん物をたいせつに」、昭和四十七年二月）

石油ショックで、トイレットペーパーや洗剤が姿を消してパニックになり、消費者の買いだめが非難されたとき、花森は逆に、「買いおきのすすめ」を書いた。そのなかで、こう言っている。


ぼくらの暮しを、まもってくれるものは、だれもいないのです。

ぼくらの暮しは、けっきょく、ぼくらがまもるより外にないのです。……

政府というものは、……資本主義の国でも、共産主義や社会主義の国でも、……もともと、……国民の暮しやいのちをまもる、それを何よりも第一に考えている政府など、この地球の上のどこにもありはしないのです。（昭和四十九年一月）

ロッキード事件が起きたときは、「ぼくはもう、投票しない」を書いた。


……だれかに投票はしないが、棄権するつもりはない。……／投票所へ行って、投票用紙をもらうと、……候補者の名前を書くワクのなかに、……バッテンをつける。

……このごろ、もうどうにもガマンしきれなくなった。／バカにするのもいい加減にしろ、という気が、むらむらとおこってきた。／……みんな、じぶんのことだけ、じぶんの派閥だけ、じぶんの党だけである。……／そのくせ、なにかというと、国民の多数にえらばれた代表である、と胸を張りたがる。／……えらんだぼくたちは、そんなことをしてくれとたのんだおぼえはないのに、それをどうすることもできないで、アレヨアレヨと見ているより仕方がない。(昭和五十一年十月)

花森は、元気なころ、カメラと8ミリとテープレコーダーを持って、どこへでも取材に出かけて行った。北海道の鮭の、生まれた川に帰ってきて死ぬ、かなしくも美しい一生を書いた「塩鮭の歌」や、毎日、七、八十キロの野菜をしょって、東京の町を行商する女を書いた「千葉のおばさん」などが、それだ。これらの、いわば前期の文章に、花森らしい、生き生きとしたヒューマンな感覚を見る人もいる。

病気をかかえても、しかし、花森は、書かずにはいられなかった。「政治のあり方をみて、腹も立たず、しかたがないと、うすら笑いをうかべ、ばかげたテレビ番組に、うつつをぬかし、野暮なことはいいっこなしで暮しているうちに、やがて、どういう世の中がやってくるか」(「もののけじめ」、昭和四十四年七月)。しだいに戦争への谷間になだれ落ちていったあの時代を、花森は思い出していたのだと思われる。

花森安治の遺産

花森安治は、昭和五十三年一月十四日午前一時半、東京都港区南麻布の自宅で、心筋梗塞のため死去した。六十六歳だった。

風邪ぎみで体の調子がよくないと、十一月二十九日、都心の病院に入院した。十二月二十日、いったん「クリスマス退院」して、通算百五十二号の表紙を仕上げ、年が明けて、さいごの原稿になった「人間の手について」(四百字詰め原稿用紙三十五枚)を、つらそうに書いた。それは、鉛筆削り器を例に、道具を使うという人間の手のわざを封じてはいけない、という花森の生活の美学を説いたものだった。

その原稿が校了になったあと、夕方、編集部に顔を出した毎日新聞記者の増田れい子(現、論説委員)を相手に、ジャーナリズム談義をした。増田によれば、花森は元気がなかったが、それでも、権力の側に抱きよせられていくジャーナリズムのあやうさを語っていた。それが、暮しの手帖研究室でのさいごの夜になった。

翌日、花森は会社を休んだ。その夕方、大橋鎮子と中野家子が、なじみの銀座のすし屋のばらずしを持って、花森の自宅へ行った。あがらずに玄関で帰ろうとしたとき、奥からパジャマ姿の花森が顔を出して、ありがとうと言い、ドアをしめるふたりに、めずらしく手をあげて振った。

その真夜中、大橋は自宅で、「花森が死にました」と、妻ももよの電話を受けた。自宅の階段を一、二段すべり落ちて、大橋がかけつけたとき、花森は水色のパジャマを着て、ソファに横たえられていた。気分がわるいと言って夜中に起き、ソファにすわっていたのだった。

葬儀は、暮しの手帖研究室のスタジオで、無宗教でおこなわれた。会場には、花森が好きだったイギリス民謡「グリーンスリーブス」が流れた。写真のなかの花森は、いつものように白いジャンパーを着ていた。男の編集部員も全員、白いジャンパー姿だった。寒い日だったので、玄関わきにテントを張り、熱い甘酒を参列の客にふるまった。

つぎの号の「あとがき」のなかに、花森の遺言が載った、暮れの二十八日に、ぼくが死んだら載せてほしい、と大橋に口述したものだった。

「読者のみなさま、本当にながいこと、暮しの手帖をお愛読下さいまして、ありがとうございます。……広告がないので、ほんとに一冊一冊買っていただかなかったら、とても今日までつづけてこられませんでした。そして私の理想の雑誌もつくれなかったと思います。力いっぱい雑誌をつくらせていただき、ほんとうに有難うございました」。そして、「最後のお願い」として、読者に、ひとりだけ新しい読者を紹介していただきたい、と述べていた。暮しの手帖は、つぎの号で三万部ふえた。

さいごの原稿「人間の手について」とおなじ号に、花森が入院中に書いたという、「早春と青春」と題したみじかい文章が、無署名で載った。

まだ風は肌をさし、道からは冷気がひしひしと立ち上る、あきらかに冬なのに、空気のどこかに、よくよく気をつけると、ほんのかすかな、甘い気配がふっとかすめるような、春は、待つこころにときめきがある。

青春は、待たずにいきなりやってきて胸をしめつけ、わびしく、苦しく、さわがしく、気がつけば、もう一気に過ぎ去っていて、遠ざかる年月の長さだけ、悔いと羨やみを残していく。

新聞は、花森の死をおおきく伝えた。知名人の追悼文も載った。見出しに、「一戔五厘の旗手」「消費者運動の草分け」「かけがえのない戦士」「妥協しない闘い」「男子の本懐」「在野精神を貫く」などとあった。

鶴見俊輔は、「花森安治氏のこと」の一文を、つぎのようにしめくくっていた（朝日新聞、昭和五十三年一月十八日）。

戦中から戦後への自分の転換を心にきざみ、戦後の初心を守って今日までの三十余年を生きたこの人に、もっとも戦後らしい思想家の面影を見る。

その見出しは、「守り続けた戦後の初心」となっていた。

しばらくたって、神戸の小学校と東大で、花森と同級生だった田宮虎彦から、大橋鎭子に手紙がきた。それは、つぎのようなものだった。

……花森君があれだけのことが出来たのは、もちろん花森君が立派だったからには違いありませんが、やはりあなたの協力があったからこそだと思います。こんなことを私が言うのは筋違いであり、おかしなことかも知れませんが、花森君が力いっぱい生きることが出来、あのようにすばらしい業績を残したことについての、あなたのお力に対し、あつく御礼を申し上げます。

あなたも暮しの手帖も、これからあと大変だと思いますが、あなたは充分これからあとを立派にやって行かれるお力をお持ちです。いっそう元気におすごし下さいますよう祈っております。花森君が亡くなってもう一ヶ月以上すぎてしまいました。私にとっても、とても悲しいことです。

二月十八日　　田宮　虎彦

花森安治の仕事は、どこにどのような影響をあたえたか。社会の側から見た評価を、紹介する。

「暮し」の意識について、つぎのような論評があった。

〝暮し〟という観念が市民権をえたのは、戦後になってからのことである。戦前にはそれは、クニとかセケンとかいう存在におしつぶされるよう、肩身せまくしか息をつけなかった。……その意味で、〝暮し〟の観念の市民権獲得は、戦後思想史のきわだった一面をなしているが、花森安治は「暮しの手帖」をおもな舞台としながら、この転換を一貫して推進してきた人であった。しかも花森の発言は、たえず具体的提案をともなっており、わたくしたちは、実際生活の面で、花森に影響され、またそのおかげをこうむること、想像される以上に深く多いと思う。（朝日新聞、『一戔五厘の旗』の書評、昭和四十六年十一月）

その「暮し」の意識の変化を、詩人の堀場清子は、国会図書館のカード箱のなかに見つけたと、つぎのように書いている。

〈暮し〉〈くらし〉の語ではじまる書名の単行本のカードが、本年（昭和五十八年＝筆者注）五月初旬現在で、（国会図書館に＝同）三〇〇枚ちかくあったが、明治、大正をへて昭和一六年までに発行された本は一冊もない。昭和一七年から一九年まで各一冊。一九年の発行は今和次郎の『暮らしと住居』。二〇年から『手帖』創刊の二三年をはさんで翌年まで、また一冊もなし。二五年一冊、二七年一冊、二八年二冊、二九年四冊……とふえ、古谷綱武、木下順二、木村禧八郎らの名が著者にみえる。『手帖』創刊から一〇年が過ぎ、発行部数七五万部をこえた三四年から四八年までは、五冊〜一一冊の間を上下し、この時期の著者は矢野健太郎、犬養道子、和歌森太郎、樋口清之、加藤秀俊、深沢七郎、小田実など。……五〇年代に入っての数年はさらにふえ、年二〇冊前後。

そして堀場は、「昭和二五年にはじまるこの種の書名の増加ぶりを、私は『手帖』による〈暮し〉意識の変革からくると考える」とし、「それは大正二年からの、〈生活〉の語を冠した書名の場合と、ふえ方がよく似ている。……〈暮し〉も〈生活〉も、民主主義の中でしか育たない。そのことを、図書館のカードまでが示している」と書いている（朝日ジャーナル、女の戦後史「暮しの手帖」、昭和五十八年七月）。

詩人の茨木のり子は、長文の暮しの手帖論のなかで、長年の愛読者であることをあきらかにしながら、いくつかの特色をあげている。

暮しの手帖の文章について、茨木は、その「特色の一つは、ことばのわかりやすさにある。はなしことばを活字化したような、ひらがなの多い一つのスタイルは、ごく初期の頃より今に至るまで変わっていない」と書き、「伝達の道具としてのことばへのおそるべき吟味と、一ページ一ページに位置する活字の視覚効果への周到な配慮、この二つが相まって独特のスタイルができ上がっている。このことが『暮しの手帖』という雑誌を成功させた半ば以上の原因だというふうに私は見ている」と述べている。

特徴のある「花森ぶし」については、「あくの強さ」や「説教調」や「勇み足」を認めながらも、「文学ではなく、ジャーナリストとして立っている人だから、そういう観点から見ると、年齢に反比例してゆくかのごとき熱血漢ぶりは、他のへんに冷静な解説調のジャーナリストの個性没却の文章と比較して、非常にこのましい」と書いている。

また、その実用記事について、衣と食に続けて、住をつぎのように評価している。

男性にはあるいはわからないことかもしれないが、アイロンをかける場所が一定しないこと、戸車が軋むこと、プラグがぐらつくこと、水道栓のパッキングがゆるみ、たえずぽたぽた水が垂れること、これらの不備の、精神に及ぼす悪影響は測りしれない。ヒューズが飛んだとき、あるいはちょっとした電気器具の修理など女でも気軽にできなければならないと思う。それらは学校教育や家庭教育のなかで、知識としてではなく手仕事として教えておいてしかるべきものだが、そうはなっていず、すぐ男性に押しつけたり依存したり、……じゃんじゃん電話をかけて専門家に来てもらう。……住に関するこまごました事にも、「暮しの手帖」は目を光らせていて、日本の実際教育の不在というものを埋めている感がある。(『大衆文化の創造』、研究社、昭和四十八年)

商品テストの評価について、日本興業銀行調査部長の小林實は、日本の産業の競争力がなぜ強くなったかという面から、つぎのように書いている。

……日本の耐久消費財は、操作しやすくかつ故障が少ないという点が、海外では高く評価されている。

……戦前は「安かろう悪かろう」で売った日本製品が、品質で国際競争市場で争えるようになった秘密として二つの点をあげなければならないと思う。

一つは、日本の国内市場で厳しい品質チェックを受けたということである。……日本の耐久消費財産業は、まず国内市場で量産体制を作り、コストダウンを果たしてから、その後海外市場にも輸出されるというケースがほとんどであった。……

国内市場の製品チェックという意味では、日本の消費者の商品選択知識の高度化が、何よりも重要なポイントである。……

ここで特筆したいのは、「暮しの手帖」の果たした役割である。いっさいの広告を取らず、中立的な立場から、各企業の売り出した商品を、消費者の立場に立って厳密にテストし、これを広く主婦に伝えた効果は絶大であったといってもよいのではないか。

商品を売る企業も、この評価を重視し、……独自の製品テストを十分に行なって、

「暮しの手帖」のテストで高い評価を得ようと競争した。（『日本経済は危機を乗り越えられるか』、ＰＨＰ研究所　昭和六十二年）

商品テストをしている国民生活センターの上席調査役、青山三千子は、「一消費者の立場で」と前置きして、つぎのように語った。

「花森さんのもっともおおきな業績は、日本の商品テストというものの方向性を示したということだ。消費者の立場に立つとはどういうことか、どんな心を持って、どんな方法でテストをすることなのか。いまだに教えられることがおおい。

企業のおおきな力に対抗して、消費者の側が、自前の情報をつくることができるかどうかがだいじだが、暮しの手帖は、日本でもっとも早くそれを始めて、消費者問題の核の部分である商品の安全性、欠陥について、オリジナルな情報を発信してきた。

商品テストの時代は終わったという声も聞くが、私はそうは思わない。時代が変わり商品が変わっても、初心忘るべからず、と私は思っている」

国立民族学博物館館長の梅棹忠夫は、暮しの手帖を創刊号から持っている読者で、「ふすまの貼りかえ」（六号、昭和二十四年）をはじめとする多くの実用記事から、自分の家事整理学の発想まで、そのおかげをこうむっている、と言う。

梅棹は語る。

「暮しの手帖が、大企業ではなく読者をスポンサーとして、自前のジャーナリズムをにぎり、批評の自由を確立して、それを守りとおした意味はおおきい。

戦後、日本の工業がひじょうに発展した原因のひとつは、家庭の電化にあったと私は見ているが、暮しの手帖は、その家庭電気器具の発展のひとつの推進力になっていた。

ただ、その花森的合理主義、批評精神によって、日本の産業が伸びたその結果として、日本は情報の時代に入った。いま、日本の電気器具は各社とも品質がよくなって差がちいさくなり、性能よりも、デザインなどソフトの競争になった。買うほうも、家のなかにそれを置けば、どんなにたのしいか、という感覚の時代になってきている。性能という工業的合理主義ではなく、感覚主義とでもいうものだ。

暮しの手帖がこれまでの伝統を持ちつつ、これまでと違うソフトの評価、情報批判を、どう加えてゆくか。そこがだいじだと思う」

あとがき

この本の題を『花森安治の仕事』としましたので、花森さんの公私の「私」の部分にはふれませんでしたが、ここでかんたんにご家族を紹介しておきます。

娘さんの土井藍生《あおい》さんが、東京・麻布の十番商店街にちかいマンションの八階に、一家四人で暮らしています。花森さんが住んでいたところです。

藍生さんは昭和十二年生まれ。慶応大学（英文学科）に在学中、伝統のあるボランティアのクラブ「ライチウス」に属し、セツルメント活動をしていて、そこで経済学部の土井智生《ともみ》さんと知りあい、のちに結婚しました。智生さんは現在、松下電器東京支社の社会業務関連部長をしています。それ以前には、PHP編集長、松下政経塾の副塾頭などをしました。暮しの手帖の商品テストについては、メーカー側ですが、相互不干渉でした、と語っています。

藍生さんは、大学を出て、広告代理店の博報堂に就職しましたが、入社試験に合格したとき、花森さんは上機嫌で、本を出してきて、広告やテレビのコマーシャルのことなどを話してくれたそうです。就職については、人に頼めないわけではないが、そのためにぼくが頼まれると困るので、自分ひとりでやってみろ、と言ったそうです。

藍生さんの話によると、藍生さんの結婚式の日も、花森さんは暮しの手帖に出て行き、式には、いつもの白っぽいジャンパーの、ただし、よそゆきのを着て、ノーネクタイでした。披露宴のさいごに、ぼくにもしゃべらせてほしいと立ちあがって、どこの馬の骨ともわからない者に、いままで育ててきただいじな娘をやるのに、その結婚式の費用もこちらが出して、もっといい席にすわらせてくれるならともかく、こんな末席にすわらせて……とやったので、藍生さんは「ヤダー」と顔から火が出る、会場は大かっさい、という事態だったそうです。

人には、子どもの欲しがるものをコントロールするのが親の役目だ、と花森さんは言っていましたが、自分の孫にはなんでも買ってきて、藍生さんが我慢させているものも、本人から直接聞きだして、すぐ買ってくる。あんまりなんでも買ってくるので、下の男の子は、ちいさいころ、おじいちゃんはデパートにお勤めしていると思っていたそうです。注文された色の自動車（おもちゃ）が見つからないと、花森さんは自分でペンキを塗って、注文どおりの色に仕上げたといいます。

「こわい父」だったそうですが、「わがままで、感情をコントロールできなくなるところがあったけれども、根本は、常識をふまえて生きてきた人だと思います」と藍生さんは語っていました。

花森さんの妻ももよさんは、花森さんが亡くなって五年後の昭和五十八年二月に、六十九歳で他界されました。松江のしにせの呉服商の娘で、東京に勉強にきていて、松江に帰るため東京駅で切符を買ったとき、うしろに並んでいたのが、松江高校の青年・花森安治で、「松江、一枚」の声に「オヤ?」と思い、そのときはそれだけだったのですが、松江でふたたび出会い、花森青年が大モーションをかけることになったようです。

花森さんのことを、書ければ書いてみたいと思ったのは、私が朝日新聞学芸部の家庭面記者のとき取材でお会いし、そのごなんどもお目にかかって、なんとなくおっかないのですが、とにかく話のおもしろい、カイブツ編集長だと思い、暮しの手帖という雑誌がもっている一種の緊張感とあわせて、花森さんに、敬意と興味を抱いていたからです。ときには、料理記事を扱う新聞社の学芸部に、なぜ台所がないのか、造る金がないわけじゃないだろう、と突っこまれて閉口したこともありました。

花森さんから学んだのは、あまり正確な言葉ではありませんが、ジャーナリストとしての突っぱり精神と、なんでもおもしろがる精神と、人へのサービス精神でした。花森さんが亡くなって、まもなく十年になろうというとき、取材を始めました。

大橋鎮子さん、芳子さんはじめ、花森さん時代の暮しの手帖の方々には、ほんとうにお世話になりました。つぎの号に取りかかるまでの、仕事が一段落したとき、テーマを決めて、夕方から何回も集まって話を聞かせてもらいました。ふるいテストの資料や、スクラップブックや、写真や録音テープを、探しだしていただきました。

また、編集部員が個人で持っている資料やテープ、編集会議のメモ帳まで、お借りしました。文中にお名前をあげた方のほか、つぎの方々です（順不同）。

西村美枝、宮岸毅、斎藤進、杉山泰子、岩沢弘恭、加川厚子、鎌谷和子、晴気栄子、

林弘枝、池田君子、平野頼子、山口寿美子、大沼俔子、杉村民子、吉越栄夫、卜部ミユキ、永田豊子、小原喜久枝、二井康雄、北村正之、立川幸子、河津一哉、石田曄子、小林玲子、尾形道夫、中川顕、堀口剛一、岡戸久夫のみなさんです。

小学校時代や大学新聞時代の話を聞かせていただいた作家の田宮虎彦さんが急死されたことには、衝撃をうけました。田宮さんは、あの青山の十一階の自室で、右手がちょっと不自由のようでしたが、ご自分で紅茶を出して、花森さんが自分よりどんなにすぐれた人間であったかを、なつかしそうに話してくださいました。「ぼくなんかがしゃべると、花森君をぼくのレベルにまで下げてしまうんだが」などと言って。

大学新聞時代にかんしては、文中の方々のほか、朝日新聞社社友の椎野力氏、共同通信出身で新聞協会駐米代表をされた橋本正邦氏、また大政翼賛会時代では作家の杉森久英氏、東宝撮影所におられた斎藤忠夫氏、花森さんの文章論については日本経営システム社長の浅野喜起氏、商品テストについて東芝の初代消費者部長をされた山田正吾氏、広告について博報堂公共業務局の奥山専逸氏、昭和初期の外国映画について東宝東和の小池晃氏からも取材させていただきました。

新聞連載中には、読者の方々から、暮しの手帖の思い出や資料のコピーなど、貴重な情報を寄せていただきました。

ありがとうございました。あつくお礼を申しあげます。


朝日新聞の紙面には、昭和六十二年九月から翌年の四月まで、「暮しの旗を掲げて――花森安治の仕事」の題で、五部に分けて連載しました。出版にあたり、「大学卒業まで」の一章を書き加え、他にも部分的に書き直したり、加筆したりしました。

さいごになりましたが、ブックデザインをしてくださった安野光雅さんに、お礼を申しあげます。細部にまでゆきとどいたご助言をいただき、一新聞記者にはもったいないほどの本づくりをしていただきました。新聞連載中に、二度も激励のおたよりをくださり、ひとつは成田空港で出発前の時間に、走り書きしてくださったおはがきでした。感激いたしました。

なお、掲載した写真は、暮しの手帖編集部と、花森さんの友人の奥村和、杉山平一両氏の提供によるものです。また、文中の年齢は新聞掲載時のものです。
新聞、雑誌、図書などの記述から、そのつどお名前と出所を記して文中に引用させていただきましたが、そのほか、参考にさせていただいた花森さんについての資料を次ページに記しました。

酒井　寛

昭和六十三年九月

関係資料（文中に記したものを除く）

＊大輪盛登「巷説出版界」日本エディタースクール出版部　＊塩沢実信「雑誌をつくった編集者たち」広松書店　＊同「創刊号に賭けた編集者」論創社　＊田所太郎「出版の先駆者」光文社　＊扇谷正造「私の大学」春陽堂書店　＊同「現代史の小銭」産業能率短大出版部　＊新井静一郎「コピーライター」誠文堂新光社　＊河田卓「生活情報をかたちにした――暮しの手帖氏」（「ブレーン」別冊『キャッチフレーズ三〇〇〇選』）誠文堂新光社　＊野原一夫「花森安治」（「言論は日本を動かす」第十巻）講談社　＊丸山邦男「花森安治」（「人物昭和史」4）筑摩書房

＊青地晨「石川武美と花森安治」婦人公論　昭和三十三年　＊江上フジ「賢明な消費者を育てる花森安治」婦人公論　昭和四十年　＊荻昌弘「花森イズムと暮しの手帖」婦人公論　昭和五十三年　＊三枝佐枝子「花森安治――暮し民主主義の守本尊」中央公論　昭和四十八年　＊杉森久英「花森安治の青春と戦争」中央公論　昭和五十三年　＊藤原房子「『暮しの手帖』の果たしてきた役割」ジュリスト総合特集「消費者問題」昭和五十四年　＊丸山邦男「花森安治のスカートをめくる」潮　昭和四十四年　＊「女の男装・男の女装――花森安治の思想と生活」サンデー毎日　昭和二十九年

＊大隈秀夫「松江高校」週刊朝日編「青春風土記」4　朝日新聞社　昭和五十四年　＊山田正吾「家電今昔物語」（聞き書き・森彰英）三省堂　＊下中弥三郎編「翼賛国民運動史」同刊行会

文庫版あとがき

この『花森安治の仕事』が出版され、日本エッセイストクラブ賞をいただいてまもなく、劇化の話がもちあがりました。大阪の関西芸術座の方たちによるもので、公演は去年の夏、京都、神戸、大阪でおこなわれました。（東京公演はことしの予定）

また、東京では劇団銅鑼が、これを素材にした小山内美江子さんの脚本で、この秋に上演する計画を進めています。小山内さんは、中東やカンボジアの難民救援に現地で加わりながら、その合間に執筆しておられるとうかがいました。

ペルシャ湾岸の戦争を機に、世界と日本と自衛隊という、私たちの過去と現在と将来にかかわる重大な問題が、現実のものになりました。こうした時代が、やはり花森さんという人を思い出させるのだろうか、と私はこの劇化のことを受けとめています。

平成四年一月

酒井　寛

「花森安治の仕事」と酒井寛

花森安治さんは、40年近く新聞記者をつとめた夫・酒井寛が、尊敬し、気になって仕方がなかったジャーナリストだった。だからだろう、定年になって、嘱託編集委員として自由に書けるようになったとき、朝日新聞家庭面に連載を始めたのが、この「花森安治の仕事」だった。気がすむまで多くの方に取材し、資料を読み、時間をかけて書いた。

なぜ花森さんを尊敬し、興味を持つようになったのか。「花森安治の仕事」がエッセイスト・クラブ賞を受賞したときのあいさつで、酒井は二つのことを話している。一つは、家庭面のデスクとして、いわば新聞の役割についてである。金魚の消毒剤の小数点を一つ打ちまちがえて金魚が死んでしまった経験や、黒豆がおいしく煮えてお礼の電話が鳴り止まなかったことなどに触れ、「特ダネを取ることは、もちろん大事なことですが、それと同じくらい、子どもにドーナツを作ってやることや、黒豆をおいしく煮ることも、大事なことなんだ、そういうことを意識させてくれたのは、花森さんの存在なんだと思っております」。

もう一つは、花森さんと戦争との関係であった。「若い人が戦前、戦中の人たちに戦争協力の責任を問うのを見聞きするたびに、私は、その人が戦後をどう生きたか、ということと併せて人をみなければならないんじゃないか、と思ってまいりました」。みずからも、戦争中から戦後を生きた日本人の一人として、戦争責任の問題には関心が深かった酒井は、花森さんの戦後の生き方に戦争責任の取り方の一つを見、覚悟を見ていたのだと思う。

酒井が最後に書いた原稿は「週刊朝日百科・昭和23年」の中の「暮しの手帖創刊」である。その最後にはこうある。「最近よく思い出す花森の言葉がある。それは『暮らしは遊びじゃない』というものだ。しかし、花森の死後30年。最近では暮らしと遊びが混じりあい、『暮らしを遊んで何がわるい』という声もあるほどだ。」

酒井は人生の最後まで、花森さんと、暮しの手帖と、暮らしと時代の関わりに、関心をもっていたのだろう。今回、その思いのこもった「花森安治の仕事」を復刊していただけることは、ほんとうにありがたく、うれしいことである。

有馬　真喜子

平成二十三年七月

酒井寛（さかい　ひろし）

一九二九（昭和四）～二〇一〇（平成二十二）年。埼玉県生まれ。東京大学文学部社会学科卒業。朝日新聞入社、仙台支局、東京本社学芸部を経て編集委員。著書に『新風土記』、『新人国記』（ともに分担執筆、朝日新聞社刊）など。一九八九年、『花森安治の仕事』で、第三十七回「日本エッセイスト・クラブ賞」を受賞した。

＊本書は、朝日新聞社から一九八八年に単行本刊行、一九九二年に文庫化された『花森安治の仕事』を、文庫版にのっとって復刻しました。

＊文中の旧漢字・旧かな遣いは、新漢字・新かな遣いに改め、一部の写真の入れ替えを行いました。

今回の復刻に際し、安野光雅さんに改めて表紙イラストを描いていただきました。

花森安治の仕事

平成二十三年九月二十五日　初版第一刷発行

著　者　酒井寛

発行者　阪東宗文

発行所　暮しの手帖社　東京都新宿区北新宿一ノ三五ノ二〇

電　話　〇三 - 五三三八 - 六〇一一

印刷所　株式会社精興社

落丁・乱丁がありましたらお取り替えいたします
定価はカバーに表示しております

ISBN978-4-7660-0172-3　C0095